动感单车

全民健身项目指导用书

王奕枫　邓国忠◎主编

吉林出版集团股份有限公司　全国百佳图书出版单位

图书在版编目（CIP）数据

动感单车 / 王奕枫，邓国忠主编. -- 2 版. -- 长春
: 吉林出版集团股份有限公司，2010.2（2024.8重印）
全民健身项目指导用书
ISBN 978-7-5463-2407-4

Ⅰ. ①动… Ⅱ. ①王… ②邓… Ⅲ. ①自行车运动 –
基本知识 Ⅳ. ①G872.3

中国版本图书馆 CIP 数据核字(2010)第 028383 号

全民健身项目指导用书

动感单车

DONGGAN DANCHE

主　　编	王奕枫　邓国忠	
责任编辑	黄　群　杜　琳	
封面设计	吕宜昌	
开　　本	650mm×960mm　　1/16	
印　　张	8	
字　　数	60 千	
版　　次	2010 年 2 月第 2 版	
印　　次	2024 年 8 月第 4 次印刷	
出版发行	吉林出版集团股份有限公司	
地　　址	吉林省长春市福祉大路 5788 号	
邮　　编	130000	
电　　话	0431-81629968	
电子邮箱	11915286@qq.com	
印　　刷	三河市金兆印刷装订有限公司	
书　　号	ISBN 978-7-5463-2407-4　　定　价　39.80元	

序 言

自 1995 年我国政府推出《全民健身计划纲要》以来，我国群众性体育活动蓬勃发展，取得了显著的成绩。2008 年，举世瞩目的北京奥运会的成功举办，极大地激发了亿万人民群众的体育热情，增强了全社会的体育意识，营造了浓厚的全民健身氛围。面对这样的可喜局面，群众体育科研、教学工作者应义不容辞地为社会实践服务，从不同角度思考，如何使普通百姓通过简而易行的身体锻炼方式、方法和手段达到良好的健身效果，达到拥有健康的目标，从而享受生活、享受快乐人生。该书系就是在这样的思想指导下诞生的。

本书系能够顺应国家体育的大政方针，掌握时代脉搏，对指导大众健身，使大众掌握健身方法和手段有很好的促进作用。

本书系图文并茂，实用性强，分为球类运动、体操健身运动、传统武术、冰雪运动、水上运动、体育舞蹈、休闲运动、格斗运动、民间体育活动和极限运动等十大类项目，计 100 分册，按照统一的体例，力争有所创新。每册的具体内容为该项目的起源与发展、运动保健、基本技术、运动技巧、比赛规则等，使读者在学习过程中，不仅能够学会运动健身的方法，同时还能够学到保健方面的基本知识。

　　经国务院批准，自 2009 年起，将每年的 8 月 8 日定为"全民健身日"。《全民健身项目指导用书》的出版，必将为开展全民健身活动起到积极的推动和指导作用。

目录 CONTENTS

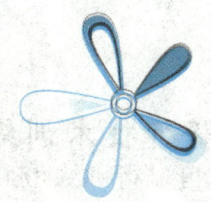

目录 CONTENTS

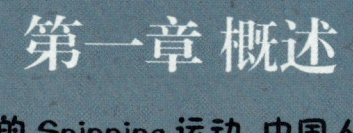

第一章 概述

　　风靡全球的 Spinning 运动，中国人为它起了一个非常形象的名字——动感单车。通过对单车的速度和阻力进行调节，并配上健身房内动感十足的音乐节拍，可以使人倾情投入、挥汗如雨。动感单车运动对臀部、腿部肌肉的健美作用显著，可增强人体的下肢力量，是当今世界最流行的健身项目之一。

第一节
起源与发展

动感单车运动起源于美国，是目前在健身房里最受欢迎的有氧运动项目之一。练习者配合音乐、灯光，模仿各种骑行方式，如山地骑行、公路骑行等，达到锻炼身心的目的。

概述

动感单车运动的创始人乔治·约翰尼是美国杰出的专业公路自行车运动员、武术黑带选手和私人健身教练。他受到专业户外单车训练的启发，创立了一套可以在室内进行的单车健身方法。此方法模仿环法自行车赛路段，如平地、上坡、下坡等，每一种模拟地形中有两个基本姿势——坐式与站式。1986 年，乔治·约翰尼正式注册了动感单车（Spinning）运动品牌。

动感单车运动所用的车体是按照人体工程力学设计的，可供不同身高、体重的练习者随意选择。安全脚套始终固定在蹬板上，这有效地提高了运动的安全系数。

动感单车运动不受任何天气的干扰，练习者可以在健身房里跟随着教练的口令，配上音乐的节拍，忘情地进行模拟骑行，从而达到运动健身的目的。动感单车训练可以让练习者在快乐运动中有效地加强肌肉耐力与心肺功能，同时消耗体能并燃烧脂肪，达到减脂塑形的目的。

动感单车是一个碰撞较少的有氧运动，在短短十几年的时间里，迅速在健身界刮起一阵旋风，人们纷纷爱上了这项充满激情，活力四

射的运动。

传播

动感单车运动诞生之后，很快风靡欧美各国，并逐渐被引入其他国家，成为一项广受欢迎、不可或缺的健身运动项目。到目前为止，这项运动遍布世界近 100 个国家，全球有 6000 多个健身场所提供动感单车运动课程。

发展趋势

为更广泛地开展群众性体育活动，增强人民体质，推动我国社会主义现代化建设事业的发展，1995 年 6 月，国务院提出了《全民健身计划纲要》，号召全社会广泛开展全民健身运动。目前，全民健身运动在全国范围内蓬勃发展，具有中国特色的全民健身体系的框架已经初步形成。全民健身运动的开展，有利于提高人民生活质量，丰富业余文化生活，促进社会进步；有利于加强社会主义物质文明和精神文明建设，提高我国的综合国力，振奋民族精神。

动感单车运动克服了室外骑行的缺点，简单易学，是一项能够使全身得到锻炼的有氧健身运动。

动感单车运动颇受 25～35 岁人群的青睐，但这项运动本身并没有年龄限制，因为它设计的科学性，保证了练习者的运动安全，而且运动的强度可自由控制，几乎适合于所有具备运动能力的人。因此，随着全民健身运动的开展，动感单车必将成为其中不可缺少的组成部分。

第二节

场地、器材和装备

　　动感单车运动对场地、器材和装备都有一定的要求,高质量的场地是运动开展的前提,而良好的器材和装备则是练习者发挥较高水平的必要保证。

　　动感单车运动一般都在专门的场地进行,但随着动感单车运动的发展,一些简单的练习也可以在家里进行。

 见图 1-2-1

　　(1)动感单车的场地多在健身房或健身俱乐部,一般有专门的动感单车运动室;

　　(2)场地多为规则性的封闭式房间,为开阔练习者的视线,多呈阶梯状;

　　(3)场地由单车群和领骑台组成;

　　(4)领骑台大多位于单车群的最前方,是一个独立且略高于地面的平台;

　　(5)领骑台上设有专业音响设备,为动感单车课程提供音乐。

图 1-2-1

 排列方式

方形排列 见图 1-2-2

　　此排列方式领骑者位于单车群最前方,面对单车群;而单车群则根据场地大小按方形摆放,以阶梯状依次排列开来。由于可以有效利用场地,节省空间,所以大多健身场所都采用此排列方式。

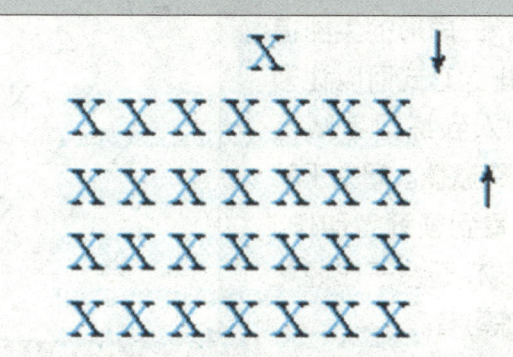

图 1-2-2

"V"字形排列   见图1-2-3

此排列方式领骑者在单车群最前方,面对单车群;而单车群则按"V"字形围绕领骑者排列,开口对向领骑者。此排列方式可以让练习者更清晰地观看领骑者的动作,更快、更准确地掌握动作节奏。但由于此排列方式单车摆放过少,国内并不常见。

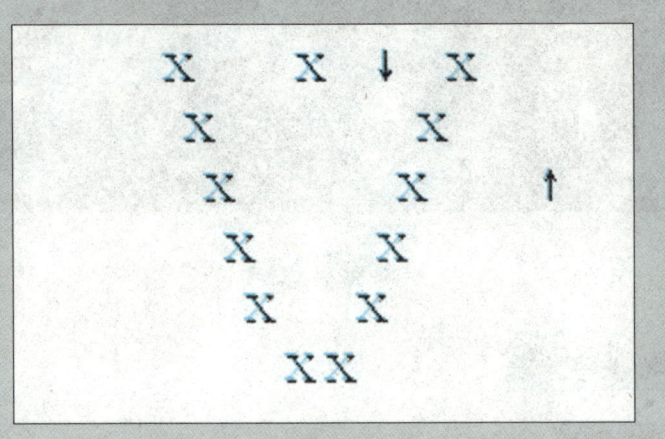

图1-2-3

三角形排列   见图1-2-4

此排列方式领骑者在单车群最前方,背对单车群;而单车群则按三角形排列, 三角形的尖部指向领骑者。此排列方式可以让领骑者更好地融入到练习者队伍中,使训练更具有激情。但由于后排练习者不易看到领骑者动作,所以此排列方式较适合于已经熟练技术动作的练习者。

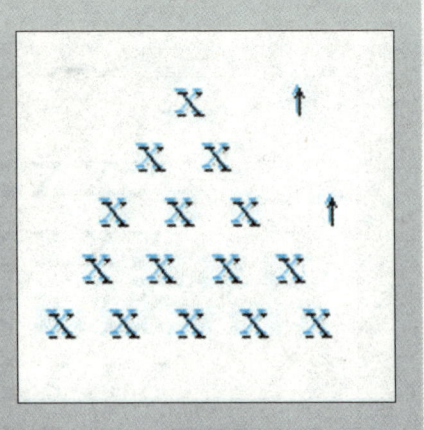

图1-2-4

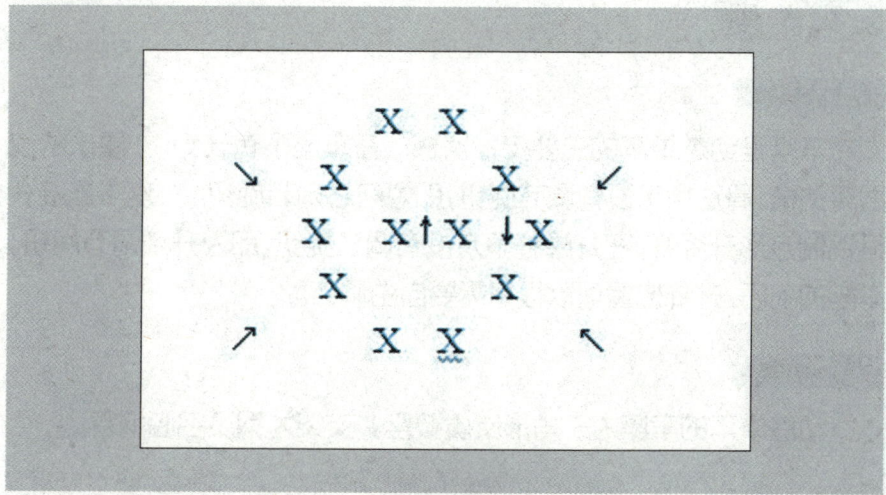

🌸 圆形排列　见图 1-2-5

　　此排列方式由两名领骑者共同带领，两名领骑者背向骑行；而单车群则以两名领骑者为中心按圆形排列，面向领骑者。此排列方式可以让每一名练习者都近距离地看到领骑者的技术动作。但由于场地空间有限，并不被广泛采用。

图 1-2-5

🌸 双方阵排列　见图 1-2-6

　　此排列方式由两名领骑者共同带领，两名领骑者背向骑行；而单车群则分为两队，两队相对排列，领骑者在中间，练习者可看见一名与之相对的领骑者和一名与之相背的领骑者。此排列方式可以给练习者更大的视觉效果，有竞赛和团队心理，能最大限度地激发练习者的潜力和激情。但此种排列方式一般只用于竞赛目的练习。

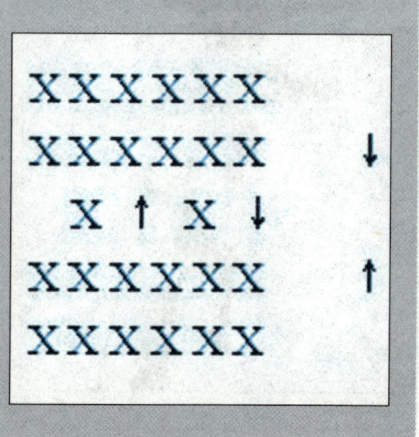

图 1-2-6

器材

动感单车主要由车座、车把、踏板、阻力刹车旋钮、动力飞轮、承重底盘六部分构成，下面就这几部分分别予以介绍。

车座

概
述

❄ **规格**　见图 1—2—7

车座是动感单车的主要支撑器械。在车座下有长约 10 厘米的前后滑动槽，滑动槽下设有调节旋钮，即为前后调节旋钮。车座下连接一根钢制方形升降杆，在升降杆下方设有调节旋钮，即为升降调节旋钮。车座的前后、升降位置可以根据需要自由调节。

❄ **材质**

动感单车的车座为三角形皮质鞍座。支架为钢质空心钢管。

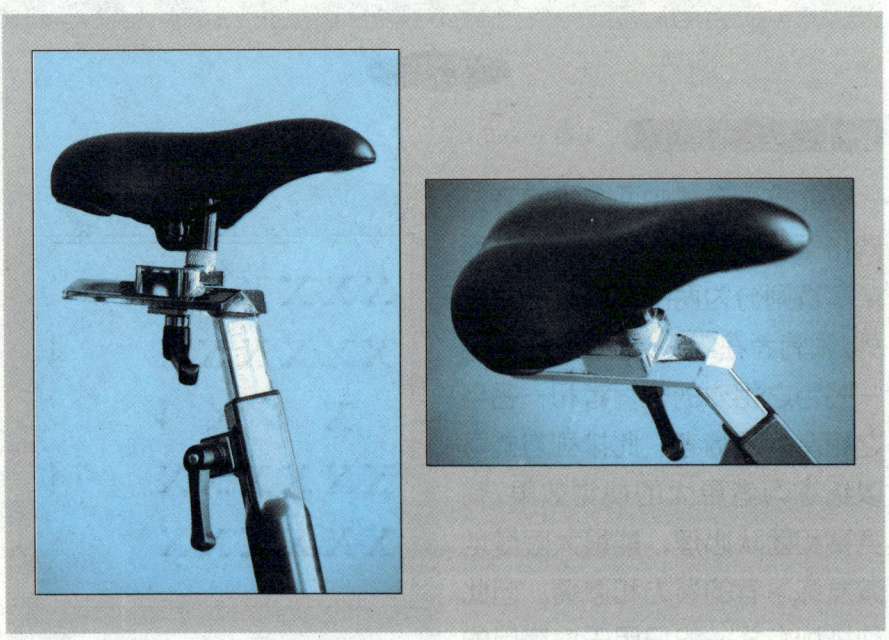

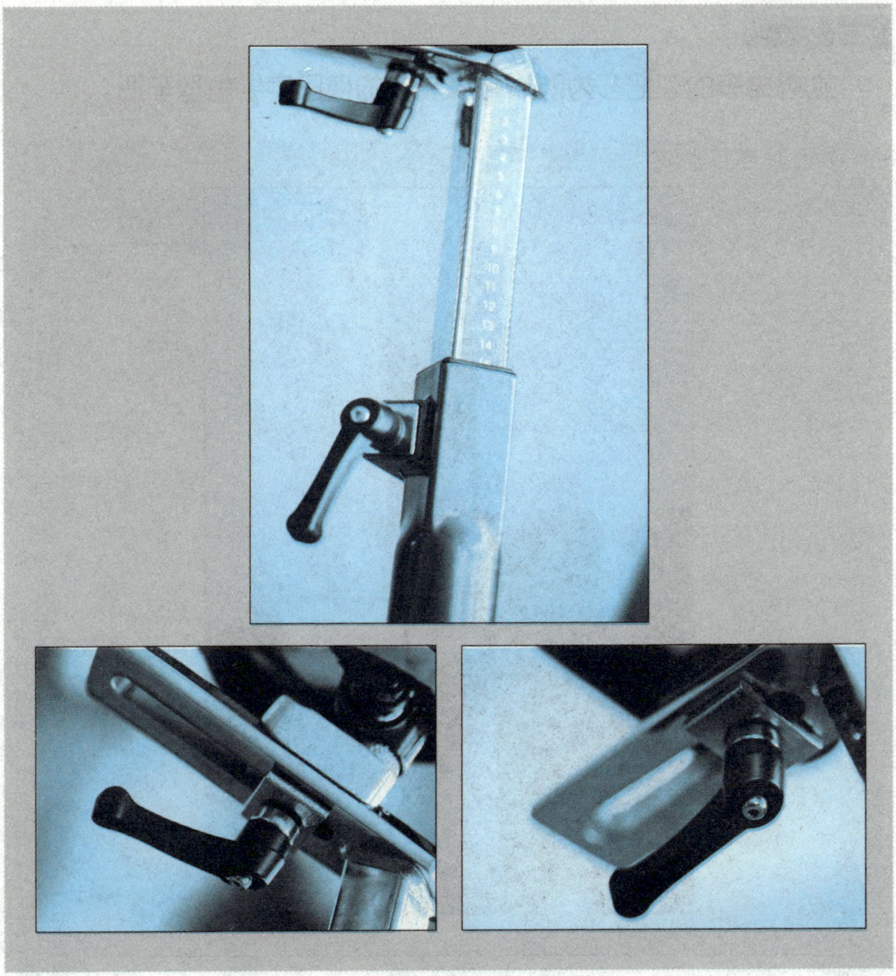

图 1-2-7

装备、
场地、器材和

 **车把**

🔷 **规格** 见图 1-2-8

　　车把是骑行时手臂的支撑器械，手臂支撑车把承担了身体前倾时所带来的身体重量。在车把的下方即车把的反面，设有前后调节旋钮。升降调节杆与车体连接处设有调节旋钮，即升降调节旋钮。

✿ 材质

动感单车的车把多为防滑橡胶制成的横曰字牛角型车把。

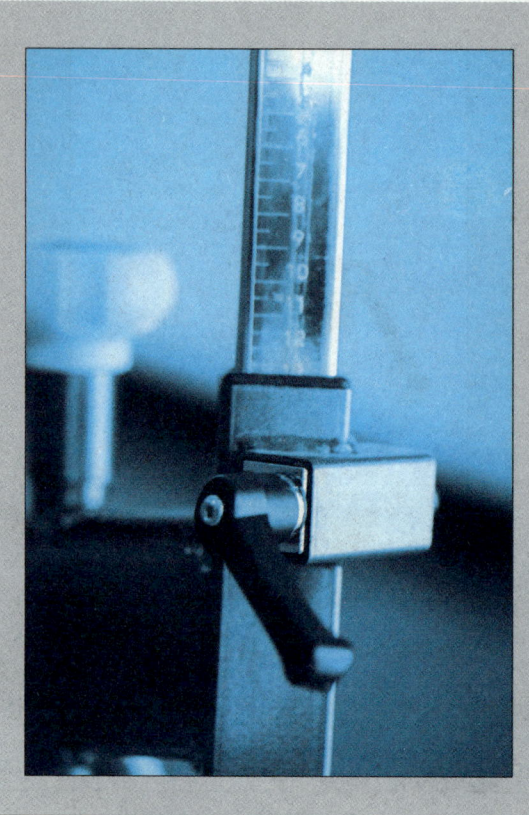

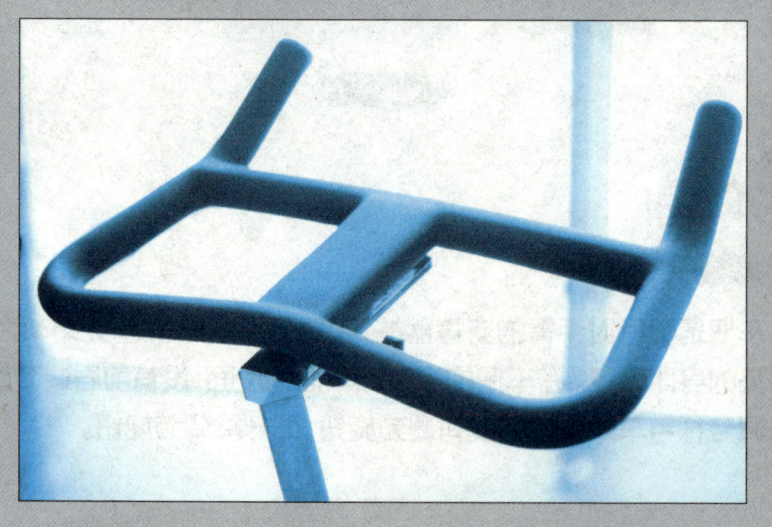

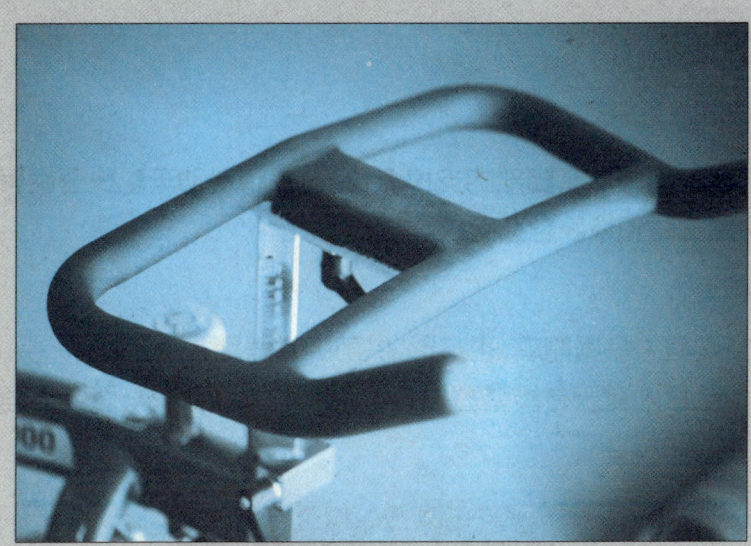

图 1-2-8

 踏板

❀ 规格 见图 1-2-9

　　踏板是动感单车脚部的支撑点,经过踩踏带动车轮快速旋转。踏板由金属脚蹬和橡胶鞋套组成。

❀ 材质

概

述

　　(1)脚蹬为金属制成,正方形,供前脚掌踩踏;

　　(2)鞋套为橡胶材质贴合型鞋套,用于固定前脚掌,鞋套上有能调节鞋套松紧的鞋扣。

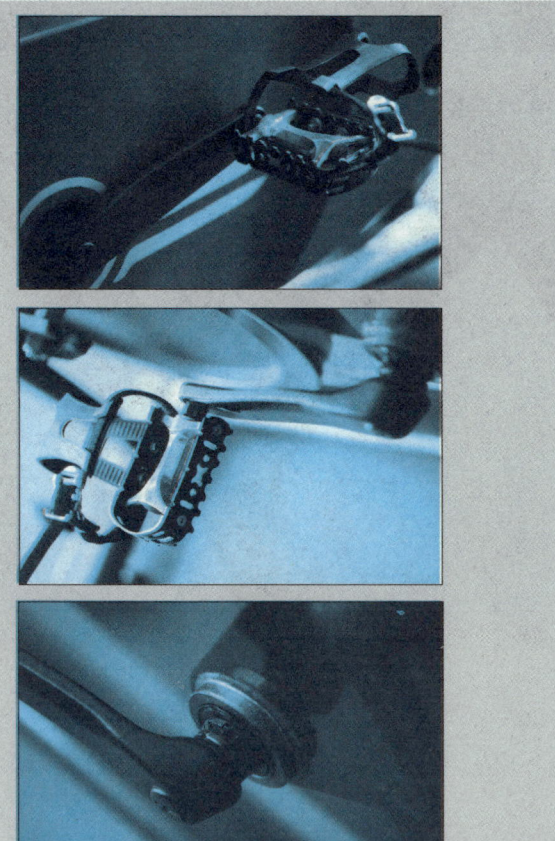

图 1-2-9

阻力刹车旋钮

规格 　见图 1-2-10

　　阻力刹车旋钮是动感单车器械中唯一控制单车阻力大小的器械，位于车把与车身连接处。阻力刹车旋钮为直径 5 厘米左右的圆形旋钮，它通过旋转或按压来调整对车轮的摩擦阻力，完成阻力的调节。

材质

　　阻力刹车旋钮一般为塑料材质。

装备、场地和器材

图 1-2-10

015

 动力飞轮

❀ **规格** 见图1—2—11

　　动力飞轮位于车身下方,全车只有一个动力飞轮,它由内部链条连接到踏板,随着踏板的踩踏飞快旋转,通过飞轮的旋转达到模拟骑行的效果。

❀ **材质**

　　动力飞轮外圈为钢化圈轴,内部由硬橡胶组成。

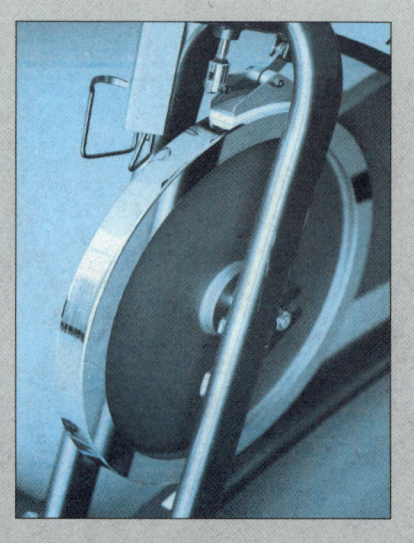

图1—2—11

 承重底盘

❀ **规格** 见图1—2—12

　　在动感单车的下方有一个四角平衡支撑的承重底盘,它将单车牢牢固定在地面上,并承担单车和单车上练习者的全部重量。同时,在底盘的同把手方向有个移动滑轮,通过按压车把,可以使单车翘起,滑轮着地,这样,可以方便省力地移动单车。

材质

整个承重底盘为全金属材质，一般为钢化合金，四角由防滑橡胶支撑，移动滑轮则为硬质橡胶制成。

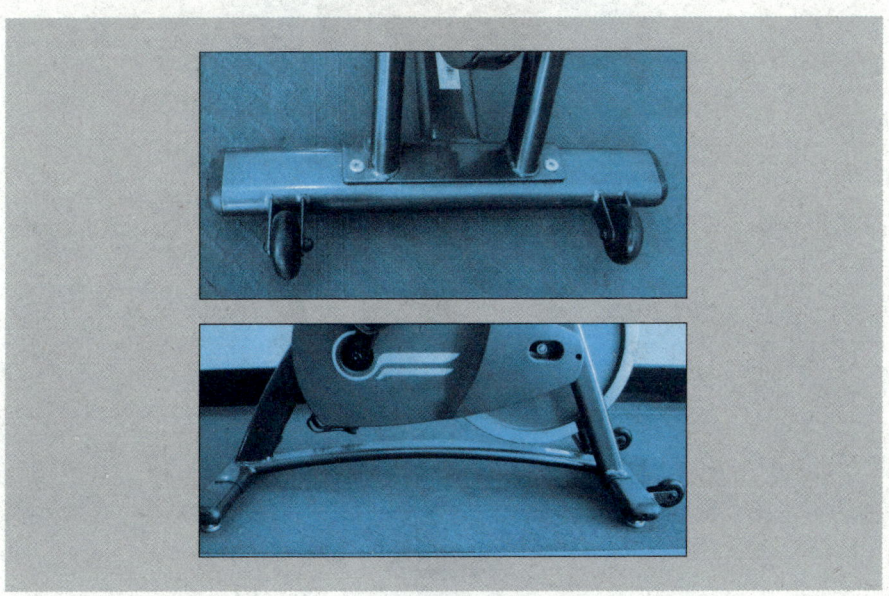

图1-2-12

装备

进行动感单车运动时最好穿专业的动感单车服和运动鞋，配上专业的手套、水壶和毛巾等。这样既有助于将速度与激情发挥到最高限度，又可以减少布料对膝关节运动时产生的摩擦和阻碍，避免不必要的运动损伤。

服装 见图1-2-13

最好穿专业的动感单车服，也可以用弹性好的棉质运动服替代。如果夏天天气较炎热，一件紧身上衣，再配一条长短适宜的短裤或中裤，则是较好的选择。

图 1-2-13

 鞋　见图 1-2-14

骑车时最好能穿硬底运动鞋,这样能帮助脚部固定,防止脱蹬,避免使脚踝在高速运动中受伤。

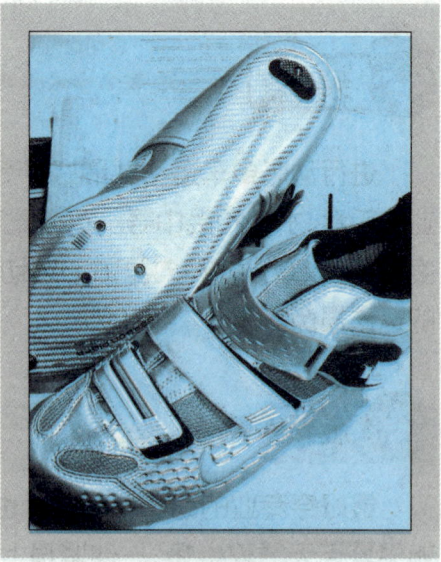

图 1-2-14

 **手套** 见图 1-2-15

在进行动感单车运动时一般都带有手套，它可以在手心出汗时起到防滑的作用。同时，手套避免了手掌与车把的直接接触，不会让手因为摩擦而变得粗糙。

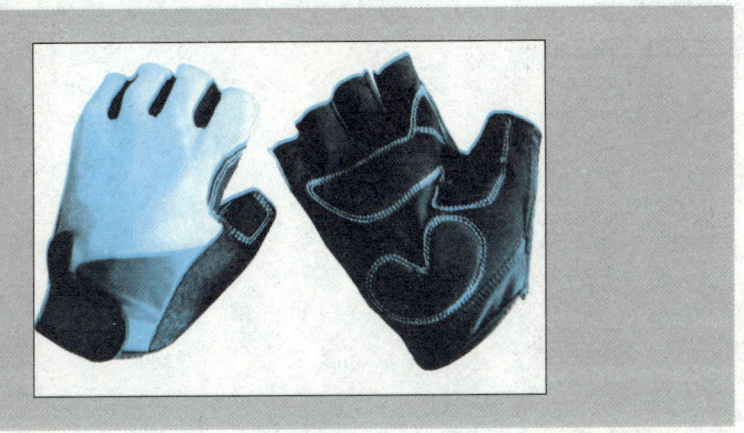

图 1-2-15

 按扣式运动水壶 见图 1-2-16

由于运动中会大量的出汗，所以水分的补充十分重要。因此，应选择专业的运动水壶，以方便在骑行中进行水分的补充。按扣式运动水壶能方便练习者单手进行饮用，避免骑行中两手离把造成伤害。

图 1-2-16

装备

场地、器材和

 运动毛巾　　见图1-2-17

在进行动感单车运动时，一般都会准备一条毛巾。由于动感单车属于热量高消耗运动，所以会随运动产生大量的汗液，为避免汗液流入眼中，影响骑行安全，所以应准备一条吸水性较好的毛巾。

概述

图1-2-17

第三节
课程介绍

动感单车是一项室内时尚休闲运动，它通过科学的方式、方法，以及规范的技术动作，达到娱乐与健身相融合的目的。课程介绍包括课程安排和教练提示等。

 课程安排 ◆◆◆◆◆◆◆

通过课程安排的介绍，可以让练习者更直观地了解动感单车运动，以便更好地在教练员的带领下完成动作，达到预期的锻炼目的。

 全课安排

（1）国内一般整节课时间为 45 分钟，前 5 分钟为热身骑行，中间 30～35 分钟为骑行训练，最后 5～10 分钟为恢复性放松骑行；

（2）整节课分 6～8 个部分，教学过程由易到难，强度由低到高，使练习者在不知不觉中体验到健身的乐趣，在激情中宣泄自己的情绪；

（3）另外，教练员充满激情的教学，可以使练习者达到运动健身和提高心肺功能的目的。

 课程内容

（1）课前准备充分，穿戴整齐，携带水壶以及毛巾等相关用品；

（2）课前教练员讲解车把的调整、车座的调整、阻力的调整，以及刹车的使用等；

（3）教练员带领做热身运动；

（4）教练员讲解单车的各种身体姿态、把位运用、踏板技术等基本技术；

（5）在教练员的带领下，进行各种综合骑行训练；

（6）在课程最后，进行放松、舒展练习；

（7）课后会有教练员定期询问练习者练习情况。

 课程效果评定

（1）练习者是否学会单车应用技巧；

（2）练习者是否放松心情，增加自信心；

（3）练习者是否提高了心肺功能，身体轻松；

（4）练习者是否达到自我要求的健身目的；

（5）练习者是否达到减脂塑形的目的。

 节奏掌握

（1）掌握音乐节奏的规律，熟悉节奏的变化；

装备、场地和器材

（2）了解自身的体能情况，根据自身体能情况完成课程；

（3）适应课程整体节奏，由慢到快，再由快到慢；

（4）练习节奏安排要循序渐进。

教练员结合实践并根据自己的经验提出以下练习中应注意的事项，可以让练习者更加安全、顺畅地完成单车课程。

 练习者要求

（1）练习者应在课前按照正确方法调整单车的位置；

（2）练习者应在课中按要求规范动作，牢记教练员的口令与手势；

（3）练习者应尽快融入现场气氛，跟紧节奏；

（4）练习者应在练习中不时自我打气，给自己以鼓励；

（5）练习者应在课后进行放松调整；

（6）练习者应多喝水，以保证体液循环；

（7）练习者应在练习过程中遵循循序渐进的原则；

（8）练习者应理解单车课程不是比赛，完全不必强迫自己；

（9）练习者应尽量用腹式呼吸，增大氧气与二氧化碳的交换量。

 动感单车禁忌动作

❋ 禁止在脚踏车上使用负重器材

在车上举重是无效而且不安全的。运动肌群在稳定状态下进行重量训练才是最有效的。

❋ 禁止单手或放开两手骑车

单手或放开双手骑车，在站姿或是跳跃的情况下可能导致严重受伤；在坐姿爬坡时，会造成腰部受力不均。

❋ 禁止骑车时脚趾朝下

它会造成骨结节发炎和脚部麻木。踩踏时两脚应与地面平行，前

概
述

脚掌在脚踏板的正中。

❋ 禁止完全不加阻力

无阻力地踩动是对运动时间的浪费，而且在高转速的情形下，不加阻力地踩动也会造成运动伤害。

❋ 禁止后踩

后踩动作会使脚踏松动，当脚踏掉下来时，就可能致伤。研究证明，向后踩与向前踩使用的是同样肌群，消耗等量的热量，因此，向后踩没有任何优势。

❋ 禁止在坐姿时使用卧姿

在坐姿时使用卧姿可能造成髋关节以及脊椎的过度弯曲，从而产生腰部疼痛。当需要往上看时，这种卧姿易造成颈部的拉伤。

❋ 禁止把脚放在车把上进行伸展

将脚放到车把上进行伸展，危险性大，容易掉下单车，对身体造成伤害。

装备
场地、器材和

第二章 运动保健

　　体育运动对增强体质、预防疾病和促进健康具有良好的作用。但是，并非所有人从事相同的运动都会达到同样的效果。对于同一种运动负荷，不同人机体的反应差异是很大的，即使同一个体，在不同时期、不同机能状态下，对同一负荷的反应及效果也是不一样的。因此，对于不同个体，应制定适合其机能需要的运动强度、时间、频率和持续周期。从事体育锻炼一定要讲究科学性，使机体最大限度地获得运动价值，使某些疾病得到有效的防治。

第一节

自我身体评价

自我身体评价是指根据个体的不同情况以及简单的功能评定标准，对锻炼者进行身体评价，并以此为依据，确定具体的锻炼内容。

适宜人群

体适能是全身适应性的一部分，是人体精神和体力对现代生活的适应能力。为了促进健康，预防疾病，提高生活质量和工作学习效率，几乎所有人都可以追求健康体适能，而且经过简单的评价和测试，均可以成为目标人群，即适宜人群。

健康体适能评价标准

健康体适能是指身体有足够的活力和精力处理日常事务，而不会感到过度疲劳，并且还有足够的精力去享受休闲活动和应对突发事件。

健康体适能是确定锻炼者是否为运动适宜人群的主要依据。目前的评价标准主要包括国民体质测定标准、学生体质测定标准和普通人群体育锻炼标准等。

国民体质测定标准主要包括形态指标、机能指标和素质指标 3 个部分，各项指标的测定结果均为 1～5 分，共 5 个级别。凡各项指标达不到 4 分或 5 分者，均应被纳入健身人群。

学生体质测定标准分为优秀、良好、及格和不及格 4 个级别。优秀水平以下者，均应被纳入健身人群。

普通人群体育锻炼标准分为 5 个级别，凡达不到 4 分或 5 分者，均应被纳入健身人群。

简易运动功能评定

简易运动功能评定的目的在于确定锻炼者有无运动禁忌症或临时运动禁忌的情况，即是否适合参加体育锻炼，以达到防备万一、避免意外事故发生的目的。目前通行的方式为3分钟踏台阶测试。

目的

测试锻炼者运动后心率恢复的情况，以评估其心肺功能。

器材　见图2-1-1

30厘米高的长凳、节拍器、秒表和时钟。

步骤　见表2-1-1

图2-1-1

（1）节拍器设定为每分钟96次，锻炼者依"上上下下"的节拍运动3分钟。

（2）锻炼者完成3分钟踏台阶后，5秒钟内开始测量其脉搏，时间为1分钟，记录其心率，并依据下表评价其功能水平。

（3）运动后心率越低，证明其心肺功能越好。在运动强度允许的范围内，锻炼者可选择运动强度的较高值来进行运动。

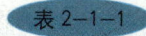

表2-1-1　3分钟踏台阶测试评价表

	年龄（岁）	欠佳（次）	尚可（次）	一般（次）	良好（次）	优异（次）
男士	18~25	>115	105~114	98~104	89~97	<88
	26~35	>117	107~116	98~106	89~97	<88
	36~45	>119	112~118	103~111	95~102	<94
	46~55	>122	116~121	104~115	97~103	<96
	56~65	>119	112~118	102~111	98~101	<97
	65+	>120	114~119	103~113	96~102	<95
女士	18~25	>125	117~124	107~116	98~106	<97
	26~35	>128	119~127	111~118	98~110	<97
	36~45	>128	118~127	110~117	102~109	<101
	46~55	>127	121~126	114~120	103~113	<102
	56~65	>128	118~127	112~117	104~111	<103
	65+	>128	122~127	115~121	101~114	<100

注意事项

如锻炼者经过努力仍无法达标，或出现头晕、胸闷、出冷汗等症状，应立即终止测试。运动中应特别考虑运动强度，以防止出现意外。

锻炼目标

锻炼目标应根据锻炼者不同的身体状况来确定，可分为近期目标和远期目标。此外，确定锻炼目标还应结合锻炼者的运动意向、愿望、兴趣，以及本人的健康状况、疾病程度等因素来进行。

近期目标

近期目标是指锻炼者近期应达到的目标。在进行运动之前，应首先明确锻炼目标，即近期目标。选择一两个健康体适能构成要素，作为未来两个月内努力完成的目标，而且应从成功概率较高的构成要素开始，并将预期两个月后要达到的目标做上记号，如提高某个或某些关节的活动幅度，增强某个肌肉群的力量等。

远期目标

远期目标是指锻炼者最终要达到的目标。实践证明，经过科学合理的锻炼后，锻炼者是可以达到一般的远期目标的，如提高心肺功能，使其达到优秀的等级，或达到降血脂、防治高血压和冠心病的目的等。

运动负荷

运动负荷即运动量。怎样控制运动量，合适的运动时间是多少等，一直是人们争论不休的问题。但有一点是可以肯定的，那就是任何有关身体活动的意见和建议，都需要综合考虑锻炼者的身体状况和所要达到的目标，并以此为依据来制订科学的身体锻炼计划。

运动强度

在运动过程中，运动强度过小，则无法达到锻炼的效果；运动强度过大，不仅达不到最佳的锻炼效果，还可能产生一些副作用，甚至出现意外事故。确定运动强度有两种方法，即心率简易推测法和主观感觉疲劳分级表推测法。

❄ 心率简易推测法

（1）年龄在 20 岁左右的年轻人，身体健康，能坚持体育锻炼，欲进一步提高身体机能，可取最大心率值（最大心率值 =220－年龄）的 65%～85%。

（2）年龄在 45 岁以下，身体基本健康，有运动习惯者，开始进行健身锻炼，可取最大心率值的 65%～80%，没有运动习惯者，开始进行健身锻炼，可取最大心率值的 60%～75%。

（3）年龄在 45 岁以上，身体基本健康，有运动习惯者，开始进行健身锻炼，可取最大心率值的 60%～75%，没有运动习惯者，建议根据自身情况咨询专业人员来指导和确定运动强度。

❄ 主观感觉疲劳分级表推测法　见表 2-1-2

运动的疲劳程度大致分为 10 级，具体为：0～1 级，没感觉；2～3 级，尚轻松；4～5 级，稍累；6～7 级，累；8～9 级，很累；10 级，精疲力竭。因此，健身锻炼的运动强度应控制在主观感觉疲劳程度的 4～7 级。

表 2-1-2　主观感觉疲劳分级表

0 没感觉	.	2 尚轻松	.	4 稍累	.	6 累	.	8 很累	.	10 精疲力竭

运动频率是指每日及每周锻炼的次数。一般每周锻炼 3～4 次，即隔日锻炼 1 次即可。有充足的休息时间，可使机体得到充分的休息，收到更好的锻炼效果。

运动持续时间

运动强度和运动持续时间，决定了一次锻炼的运动量和热量消耗。运动持续时间与运动强度成反比，运动强度大，运动持续时间可相应缩短，运动强度小，则运动持续时间应相应延长。

一般的健身锻炼，运动持续时间以每天 20～60 分钟为宜，其中包括准备活动时间、健身锻炼时间和整理活动时间。每次健身锻炼应在 20 分钟以上，锻炼可一次性完成，也可分段进行，但每段的活动时间应在 10 分钟以上。

第二节

运动价值

运动价值是人们一直在探讨的问题。一般认为，运动具有两方面的价值，即健身价值和心理价值。身体和精神的健康是相互依存的，伴随着身体功能的改善，精神状况也能同时得到改善。

健身价值在于提高体适能。体适能包括心肺耐力素质、肌肉力量素质、柔韧性素质和身体成分等。体适能的发展是积极从事锻炼的结果，只有规律性的体育锻炼才能达到最佳的体适能。

提高心肺耐力素质

心肺耐力是指全身肌肉进行长时间运动的持久能力，是体内心肺系统对身体各细胞的供氧能力。人体的心脏、肺、血管、血液等组织的功能是心肺耐力的基础，它们与氧气和营养物质的输送以及代谢物的清除有关。健全的心肺功能是健康的基本保证。

系统的体育锻炼，可以使心肌增厚，收缩力加强，心室容积增大，从而使心脏的泵血功能增强，表现为心血输出量增加。

系统的体育锻炼，呼吸系统机能也将得到提高，表现为呼吸肌的力量增强，肺活量、肺通气量明显增加，保证对机体供氧的能力。

系统的体育锻炼，可以促进血管系统的形态、机能和调节能力产生良好的适应力，从而提高机体的工作能力。

系统的体育锻炼，可以使血液系统产生某些适应性变化，如血容量增加、血黏度下降、红细胞膜弹性增强和红细胞变形能力增强等。

提高肌肉力量素质

肌肉力量是指肌肉最大收缩产生的对抗阻力或负荷的能力。肌肉力量只有达到一定的程度，才能克服外界阻力，而克服外界阻力是维持日常生活自理、从事各种劳动和运动的必要前提。

系统的体育锻炼，可以提高肌肉的生理横断面积，可以改善神经系统对肌肉收缩的支配功能，还可以提高肌肉内代谢物质的储备量，使肌肉力量得到提高。

提高柔韧性素质

柔韧性是指人体各关节的活动幅度，即关节的肌肉、肌腱和韧带等软组织的伸展能力。柔韧性对于保证正常生活质量、维持正常体态、预防损伤发生和减轻损伤程度等方面均起到至关重要的作用。

运动价值

系统的体育锻炼，还可以延缓因年龄因素而导致的柔韧性下降，预防因缺乏运动而导致的关节结构、周围软组织和膝关节肌肉退化，从而使锻炼者的日常生活、劳动和运动等更加充满活力。

改善身体成分

身体成分是指人体体重中的脂肪组织和去脂组织的重量百分比。身体成分中的脂肪成分增加，肌肉成分必然下降。身体中不具备收缩功能的脂肪组织增加，必然导致身体进行各种活动的能力下降，基础代谢水平降低，肥胖症、冠心病、高血压、糖尿病、高血脂等慢性疾病发病率的提高。因此，身体成分是保证人体健康的重要内容之一。

通过系统的体育锻炼，随着锻炼者体质的增强，热量消耗便随之增加，进而燃烧掉体内多余的脂肪，使身体成分得到改善。而身体成分的改善，又可以减少体重对关节可能带来的不利影响，还可以使肥胖者的心理状况得到改善，增强其自信心，使其逐步建立起健康的生活方式。

心理价值

研究证明，有规律的体育锻炼不但可以使锻炼者增强体质、促进身体健康、预防一些慢性疾病，还可以提高锻炼者的生活满意度和生活质量，对其心理健康产生积极影响。

体育锻炼的心理健康效应主要表现在六个方面：

改善情绪状态

短期效应

研究发现，体育锻炼对人的情绪状态具有显著的短期效应。运动后人们的焦虑、抑郁、紧张和心理紊乱等症状会明显减轻，而精力和愉快程度则明显增强。而且这种情绪的迅速变化，与锻炼者个体的健康状况、活动形式和活动强度等有着直接的联系。

 长期效应

体育锻炼对人情绪的长期效应有着直接的影响，与不锻炼者相比，有规律的锻炼者在较长时期内很少会产生焦虑、抑郁、紧张和心理紊乱等情绪。

完善个性行为特征 见表 2-2-1

人们的行为特征一般可以分为两种类型，用 A 型行为特征和 B 型行为特征来表示。A 型行为特征主要表现为性情急躁、争强好胜、容易激动、整天忙碌和做事效率高等。B 型行为特征主要表现为不好竞争、不易紧张、不赶时间、对人随和、喜欢自由自在等。具有 A 型行为特征的人由于过度紧张的情绪反应，会引起内分泌失调，增加心脏病发病的概率。目前的一些研究主要集中在体育锻炼对改变 A 型行为特征的作用方面。研究结果表明，有规律的体育锻炼能明显改变 A 型行为特征。

 表 2-2-1　A、B 型个性行为特征常见表现

A 型行为特征者常见表现	B 型行为特征者常见表现
约会从来不迟到	对约会很随便
竞争意识很强	竞争意识不强
别人要讲话时总爱抢先或插话	是别人讲话时很好的听众
总是匆匆忙忙	即使有压力也从不匆忙
等待时缺乏耐心	能够耐心等待
干事时全力以赴	处事漫不经心
同时想干很多事	在一段时间里只干一件事情
讲话喜欢用加强语气，甚至敲桌子	讲话语速缓慢、不慌不忙
做了好事希望能得到别人的认可	只要自己满意即可，不管别人怎样想
吃饭、走路都很快	做事情很慢
不善与人相处	为人随和
容易暴露自己的感情	能控制自己的感情
具有广泛的兴趣	没什么业余爱好
雄心壮志	满足于目前的工作和学习状况

确立良好自我概念

自我概念是指个体对自己身体、思想和情感的主观整体评价，它由许多自我认识组成，包括我是什么人、我主张什么和我喜欢什么等。

坚持体育锻炼，可以使锻炼者体格强健、精力充沛、提高驾驭身体的能力，从而改善对自身的满意程度，确立良好的自我概念。

改变睡眠模式

根据脑电图的显示，人的睡眠可以分为两种状态，即慢波睡眠状态和快波睡眠状态。前者为浅度睡眠状态，后者为深度睡眠状态。一夜之间两种睡眠状态会交替发生 4～5 次。

有规律的体育锻炼不仅对慢波睡眠有促进作用，而且能缩短入眠的潜伏期，并延长睡眠的时间。

改善认知能力

体育锻炼还能改善人的认知过程，避免反应时间过长、注意力不集中和思维混乱等症状的发生，尤其对老年人的认知能力改善效果更为明显。

增加心理治疗效应

体育锻炼被公认为是一种心理治疗的好方法。目前人群中常见的心理疾患是抑郁症和焦虑症。研究发现，体育锻炼是治疗抑郁症的有效手段之一，抑郁症患者经过有规律的体育锻炼，抑郁症状能明显减轻。

体育锻炼还具有治疗焦虑症的作用，通过有规律的体育锻炼，可以使锻炼者的焦虑症状明显改善。

第三节
运动保护

在运动过程中，人体机能会随时发生变化。因此，应针对这种机能变化的特点来进行体育锻炼，也就是我们所说的运动保护。运动保护一般包括运动前准备、运动后放松和自我养护三个方面。

 运动前准备

准备活动是指在正式运动之前进行的有目的的身体练习。做好充分的准备活动，可以缩短机体进入最佳状态的时间，同时还可以预防运动损伤的发生，为机体发挥最大的工作效率做好功能上的准备。

准备活动的作用

 提高中枢神经系统兴奋状态

(1)使大脑反应速度加快，参加活动的运动中枢神经相互协调。

(2)为正式运动时生理机能达到适宜程度提前做好准备。

提高机体代谢水平

(1)准备活动可以使锻炼者体温升高，降低肌肉黏滞性，使肌肉的伸展性、柔韧性和弹性增强，从而有效预防运动损伤的发生。

(2)准备活动可以增强体内代谢酶的活性，使物质代谢水平提高，以保证运动时有较充分的能量供应。

克服内脏器官生理惰性

(1)准备活动可以提高心血管系统和呼吸系统的机能水平，使肺通气量及心血输出量增加。

(2)可以使心肌和骨骼肌的毛细血管扩张，使其工作肌获得更多的氧，从而克服内脏器官的生理惰性，使之尽快达到最佳状态。

增加皮肤毛细血管血流量

准备活动可以使皮肤毛细血管的血流量增加，运动后毛细血管扩张，有利于散热，降低体温，有效防止开始正式活动时由于体温过高而影响运动能力。

准备活动要求

准备活动时间

（1）准备活动的时间可以根据运动项目的具体情况确定，一般以10～30分钟为宜。

（2）准备活动与正式运动的间隔时间，一般以不超过15分钟为宜，可以在做完准备活动后立刻进行正式运动。

准备活动强度

（1）准备活动的强度和量应较正式运动小，以免引起不必要的疲劳。

（2）准备活动的量可以由心率来决定，心率以100～120次／分为宜。

准备活动内容

一般性准备活动

一般性准备活动的内容多以伸展运动开始，然后进行一般性的跑步、徒手体操等活动。

下面介绍一套常用的一般性准备活动操，供锻炼者运动前使用。这套活动操主要包括头部运动、肩部运动、扩胸运动、体侧运动、体转运动、髋部运动和踢腿运动等。

图2—3—1

头部运动

头部运动的动作方法（见图 2-3-1）：两手叉腰，两脚左右开立，做头部向前、向后、向左、向右，以及绕环运动。

肩部运动

肩部运动的动作方法（见图 2-3-2）：手扶肩部，屈臂向前、向后绕环，以及直臂绕环。

扩胸运动

扩胸运动的动作方法（见图 2-3-3）：屈臂向后振动及直臂向后振动。

体侧运动

体侧运动的动作方法（见图 2-3-4）：两脚左右开立，一手叉腰，另一臂上举，并随上体向对侧振动。

体转运动

体转运动的动作方法（见图 2-3-5）：两脚左右开立，两臂体前屈，身体向左、向右有节奏地扭转。

髋部运动

髋部运动的动作方法（见图 2-3-6）：两脚左右开立，两手叉腰，髋关节放松，向左、向右 360 度旋转。

图 2-3-2

图 2-3-3

踢腿运动

踢腿运动的动作方法（见图 2-3-7）：两臂上举后振，同时一腿向后半步，重心置于前腿，两臂下摆后振，同时向前上方踢腿。

图 2-3-4

图 2-3-5

图 2-3-6

图 2-3-7

专门性准备活动

专门性准备活动的动作方法、节奏和强度等与正式锻炼相似，目的是使人体主要肌群在运动前得到动员，为正式锻炼做好准备。

运动后放松

运动后放松是指运动之后所进行的一些能够加速机体功能恢复的、较轻松的身体活动。与运动前准备活动相反，其目的是使锻炼者的生理机能水平逐步得到恢复。

放松方法

运动性手段

（1）运动结束后，锻炼者可采用变换运动部位的方法来消除疲劳，如上肢出现疲劳时可做一些慢跑运动，下肢出现疲劳时可做一些上肢运动。

（2）转换运动类型也是一种不错的放松方法，如打羽毛球出现疲劳时，可从事瑜伽运动来达到放松的目的。

（3）还可以用调整运动强度的方法来缓解疲劳，如可以在放松过程中，采用小强度的轻微运动方法等。

整理活动　见图2-3-8

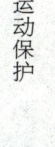

（1）整理活动是指运动后所做的一些能够加速机体功能恢复的身体活动，如剧烈运动后进行3～5分钟慢跑或其他整理活动，使身体机能得以恢复。

（2）剧烈运动后如不做整理活动而骤然停止动作，会影响氧气的补充和静脉血的回流，使机体血压降低，引起不良反应。

图 2—3—8

注意事项

（1）在进行整理活动时动作应缓慢、放松，运动量不要过大，否则会引起新的疲劳。

（2）在进行整理活动时，应当保持心情舒畅、精神愉快。

自我养护

锻炼后，锻炼者感觉身体疲劳是一种正常的生理现象，是体育锻炼过程中的正常反应，随着体育锻炼时间的延长，疲劳症状会自然消失。运动性疲劳出现后，锻炼者如果采用一些自我养护措施，可以加速身体机能的恢复，尽快消除疲劳，提高锻炼效果。常见的自我养护方法主要包括运动后休息、合理营养和物理手段等三种。

运动后休息

静止性休息　见图2—3—9

（1）静止性休息是指锻炼者运动后保持机体相对的静止状态，以促进身体机能的恢复，尽快消除疲劳。

（2）静止性休息的最佳方式之一是睡眠，特别是刚开始从事锻炼

者，身体不适应或疲劳症状明显时，更应该保证足够的睡眠，否则，锻炼者虽然积极参加了体育锻炼，但收效甚微，甚至会导致过度疲劳症状的发生。

（3）静止性休息更适合于消除全身运动导致的整体疲劳症状。

图 2-3-9

 积极性休息　见图 2-3-10

（1）积极性休息更适合由于少量肌肉群参与工作而导致的局部疲劳，或运动强度较大而导致的快速疲劳。

（2）积极性休息可以加速血液循环，有利于代谢物排出体外，对促进身体机能的恢复具有明显的效果。

图 2-3-10

运动保护

041

 合理营养 见图2-3-11

图2-3-11

小强度、长时间的运动形式，主要是靠糖原的有氧代谢提供能量。运动后应及时补充淀粉类食物，如面粉、大米等，以促进消耗糖原的合成。随着人民生活水平的提高，在饮食结构中，肉类食品的比重不断增加，而淀粉类食品的比重逐渐减少，这一现象应当引起人们的注意，特别是老年人参加体育锻炼，更应注意对淀粉类食物的补充。

强度较大、时间又相对较长的运动形式，主要是靠糖原的无氧代谢提供能量。这样，糖原无氧代谢产物——乳酸便会在体内大量堆积。因此，运动后应多补充蔬菜、水果等碱性食品，以加速乳酸的清除，达到尽快消除疲劳的目的。

 物理手段

 按摩及牵拉 见图2-3-12

（1）通过刺激神经末梢、皮肤结缔组织和毛细血管的按摩方法，可以使紧张的肌肉得以放松，从而改善局部组织和全身的血液循环，达到促进身体机能恢复的目的，这种方法可以在锻炼后马上进行。

（2）此外，还可以采取缓慢牵拉肌肉的方法，使收缩的肌肉得到充分的伸展放松。

水疗及电疗

（1）水疗包括芬兰式蒸汽浴、热水浴和桑拿浴等多种形式，主要作用是通过提高体温，促进血液循环，清除代谢物，以达到尽快消除疲劳、恢复体力的目的。

（2）水疗的时间一般以不超过30分钟为宜，如果时间过长，会进一步消耗体力，严重时甚至会出现暂时性脑缺血现象。

（3）如果条件允许，还可对疲劳的肌肉进行低频治疗。低频治疗仪的原理是模拟针灸疗法，使用时将电极用不干胶对称地粘贴在运动部位表皮上。这种疗法可以促进局部血液循环，改善组织代谢，缓解肌肉酸痛，消除疲劳。

图 2-3-12

第三章 基本技术

　　基本技术是指进行动感单车运动的基本骑行所需的关键动作。通过基本技术的练习,可使练习者初步了解动感单车的骑行方法,为以后规范化、科学化地骑行打下坚实的基础。动感单车运动的基本技术包括调节技术、基本动作和身体姿态等。

第一节

调节技术

　　调节技术是指对动感单车运动各个关键性骑行器械的调节。通过对动感单车运动调节方法的了解，可以让练习者自由调节出适合于自己的单车，使骑行更加流畅、舒适。动感单车运动的调节技术包括车座调节、车把调节、踏板调节和阻力刹车旋钮调节等。

　　车座是单车骑行中的主要支撑器械，承担了身体的大部分重量。通过对车座调节的介绍，能够让练习者掌握调节方法，调节出适合于自己的车座位置，使车座的位置更加合理、舒适。车座调节包括升降调节和前后调节。

升降调节

调节方法 见图 3-1-1

　　（1）正立站在单车车座侧面；

　　（2）抬起贴近车座一侧的腿部，使大腿与地面平行，小腿与地面呈 90 度角；

　　（3）调节车座高度与大腿的平行高度一致，车座高度约等同于髋部的高度。

技术要点

　　车座高度以抬起大腿与地面平行为准。

错误纠正

调节时易出现大腿抬起低于地面的平行面或高于地面的平行面的问题，使得调节不准确，为骑行带来不便等问题。因此，应按照要求进行调节。

伤害预防

（1）车座太低，会过度伸张膝盖，造成胫骨的额外压力，形成膝盖前侧的疼痛；

（2）车座太高，会导致在每次踩动踏板时过度伸张腿部，增加臀部的负担，造成阿肌里斯腱发炎、腿后腱肌症候群，以及膝盖后侧副韧带的疼痛。

图 3—1—1

前后调节

调节方法 见图 3—1—2

（1）正立站在单车车座侧面；

（2）弯下腰部，用肘部顶在车座前端，手握拳，画一个平行于地面的半圆；

（3）确定车座到车把的距离为练习者前臂的距离。

技术要点

车座前后距离为前臂等长距离。

错误纠正

调节时易出现张开手掌进行调节，使调节距离加长，导致骑行舒适度降低等问题。因此，应握拳测量，这样才更加适合练习者身体。

防害预防

车座前后的调整决定膝盖弯曲的角度，太过前移的车座会影响骨盆的角度，对下背部造成压力，还会造成腰部和臀部的不舒适。

基本技术

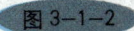
图 3-1-2

车把调节

车把是骑行时手臂的支撑器械，手臂支撑车把，承担了身体前倾时所带来的身体重量。所以，车把调节决定了练习者的身体姿态。通过对车把调节的介绍，可以让练习者掌握车把调节的基本方法，能够合理、舒适地调节出适合于自己的车把位置。车把调节包括高度调节和前后调节。

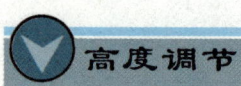 **高度调节**

基
本
技
术

调节方法 见图3-1-3

（1）正立站在单车车座侧面；

（2）一手握拳，并立拳置于车座之上；

（3）伸出另一只手臂，平行于地面放置在立拳之上；

（4）车把高度等同于伸出手臂的平面高度。

技术要点

车把高度约高于车座高度10厘米。

错误纠正

调节时易出现拳心向下平置于车座上，使车把高度降低，改变身体前倾角度等问题。因此，应按照正确的方法，将立拳置于车座之上，调整车座高度。

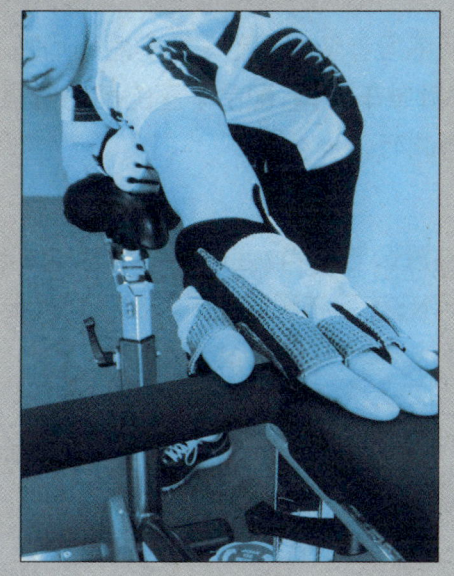

图 3-1-3

伤害预防

（1）车把位置太低，会使大部分的力量都作用到腕部、肘部和肩部，造成腕部酸痛和麻木及腕关节症候群，并会引起肩关节劳损；

（2）车把位置过高，会影响骑行技术与锻炼效果，间接导致身体过度挺直，无法流畅地进行踩踏运动，耗费过多的体力。

调节技术

 **前后调节**

基本技术

❀ **调节方法**　见图 3-1-4

（1）正立站在单车车座侧面；

（2）松开位于车把下的调节旋钮；

（3）根据自身的身高及臂长差异，配合车座前后距离来调节车把的前后位置。

❀ **技术要点**

根据身高、臂长进行前后位置调节。

❀ **错误纠正**

调节时易出现练习者忽略调节车把前后等问题。因此，应认真听教练员的指导，了解单车结构，配合车座的前后位置按照正确的方法对车把的前后进行调节。

❀ **伤害预防**

车把的前后位置调节不当，会造成练习者身体姿态的改变，从而影响骑行效果，并引起练习者腰背部肌肉长时间紧张，造成伤害。

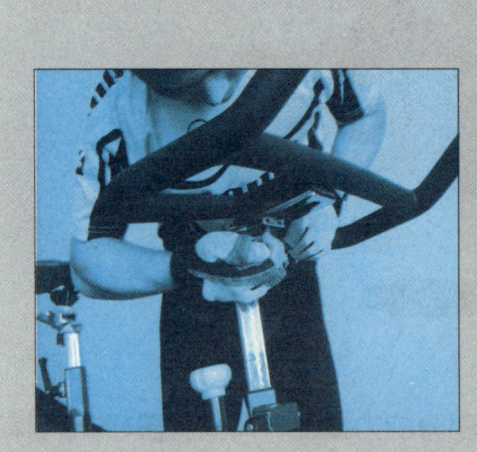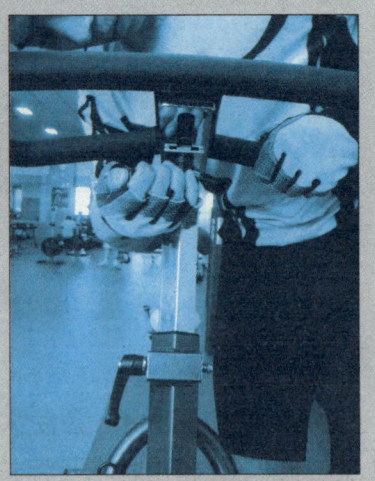

图 3-1-4

踏板调节

　　踏板是单车中脚部的支撑点，同时也是动感单车运动的动力来源。经过脚部踩踏，带动车轮快速旋转，可以达到真实骑行的效果。所以，踏板的调节决定了整个骑行过程是否流畅。通过对踏板调节的介绍，可以让练习者熟悉并能合理、安全地踩踏踏板，进行动感单车运动。

调节方法　见图3-1-5

　　（1）正确坐在车座之上；

　　（2）两脚伸入鞋套内，前脚掌置于踏板上，脚尖顶在鞋套最前端；

　　（3）松开鞋扣，系紧调节带，然后扣紧固定鞋扣。

技术要点

　　前脚掌踏于踏板上，脚尖顶在最前部，系紧鞋扣。

错误纠正

　　练习时易出现两脚脚尖没有顶在鞋套最深处，或两脚反向踩在踏板上，没有伸进鞋套内等问题。因此，应按标准的动作方法进行鞋套的穿戴。

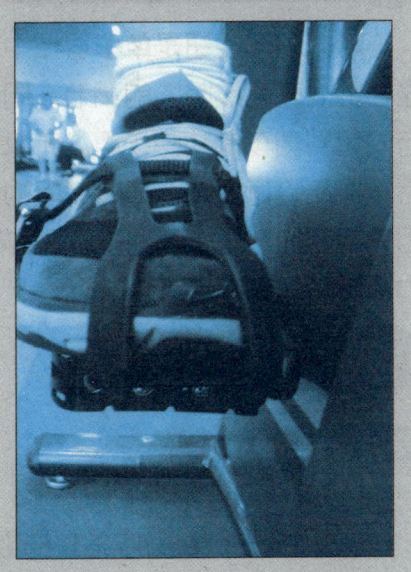

伤害预防

　　（1）如果使用的是不适合的鞋扣，将会在进行踩踏运动时丧失对脚踝、膝盖和臀部的控制力，

一旦两脚用力不均，很容易从踏板上滑脱，发生脱蹬的情况；

（2）如果鞋套对两脚固定得太紧，会造成脚部血液流通不畅，从而出现脚部麻木的情况。

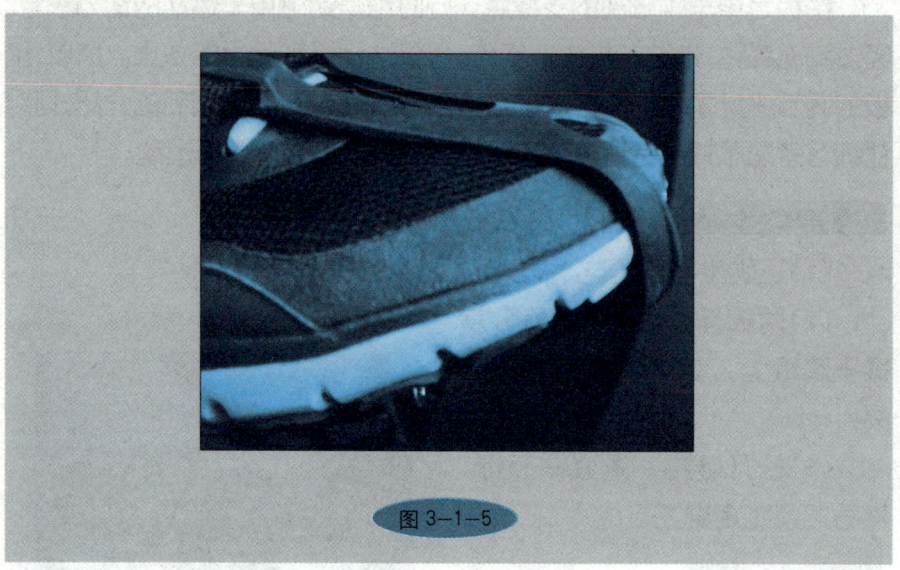

图3—1—5

 阻力刹车旋钮调节

阻力刹车旋钮是单车器械中唯一控制单车阻力大小的器械，通过左右的旋转完成阻力的调节。同时，阻力刹车旋钮还可以通过按压的方式起到刹车制动的作用。所以，阻力刹车旋钮的调节直接影响到骑行效果和骑行安全。通过对阻力刹车旋钮的介绍，可以让练习者了解阻力调节的方法以及刹车旋钮的使用方法。阻力刹车旋钮调节包括阻力调节和刹车制动等。

 阻力调节

🌀 调节方法 　见图3—1—6

（1）单手扶住阻力旋钮；

（2）用拇指、食指、中指握住阻力旋钮；

（3）向左旋转（逆时针旋转），即减小单车的运动阻力；

（4）向右旋转（顺时针旋转），即增加单车的运动阻力。

 **技术要点**

（1）调节要流畅，循序渐进；

（2）阻力调节方法为顺时针加大，逆时针减小。

错误纠正

阻力调节时易出现所调节阻力大于骑行要求阻力，使骑行难度增加，或所调节阻力小于骑行要求阻力，无法达到锻炼的应有效果等问题。因此，应按照教练员要求，正确进行调节。

伤害预防

阻力调节初始过大，会造成身体出现应激反应，身体超负荷运动，易产生疲劳。因此，应由低阻力开始，遵循循序渐进的原理，使身体逐步适应单车的运动感觉。

图 3-1-6

 刹车制动

❀ **调节方法** 见图3-1-7

（1）单手手掌按在阻力刹车旋钮上；

（2）手掌持续用力向下按压；

（3）按压直至车轮完全制动为止。

❀ **技术要点**

手掌用力按压，直至车轮转动完全停止。

❀ **错误纠正**

练习时易出现用手指或两手按压阻力刹车旋钮，向后蹬踏意图制动，造成身体失衡等问题。因此，应按照正确方法进行刹车制动。

❀ **伤害预防**

（1）在两手同时离把按压阻力刹车旋钮时，可能会造成跌落单车的情况，对练习者造成身体伤害；

（2）在高速骑行中，向后的蹬踏动作是无法完成的，强行后踩会对腿部肌肉和踝关节带来巨大的伤害。

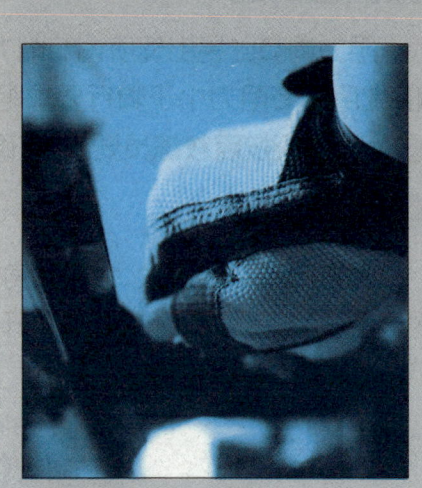

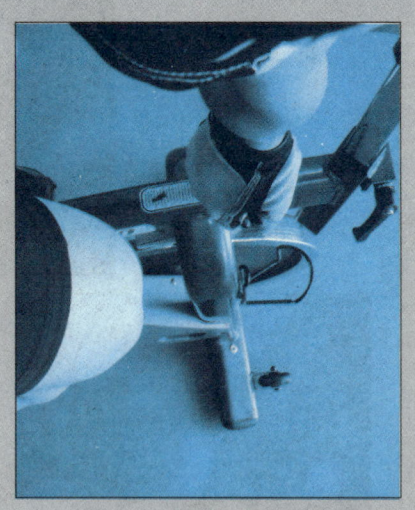

图3-1-7

第二节
基本动作

　　基本动作即指单车骑行方法中的单一动作。通过对基本动作的介绍，可以让练习者初步掌握单车的骑行方法。基本动作包括握把技术、踏板技术和呼吸技术等。

 握把技术 ◆◆◆◆◆◆◆◆◆◆

　　握把技术是动感单车运动最基本的技术动作。根据不同的身体姿态以及不同的骑行要求，握把的方法各有不同。握把技术包括一把位握把技术、二把位握把技术、三把位握把技术和四把位握把技术等。

▼ 一把位握把技术

※ 动作方法 见图 3-2-1

　　（1）身体保持正立并自然放松，扶于车把之上；

　　（2）肘关节略屈，两手距离略窄于肩，横向锁握一把位车把；

　　（3）拳心向下，四指自然弯曲，大拇指环扣于食指第一关节处。

※ 技术要点

　　自然放松，等距握把即可。

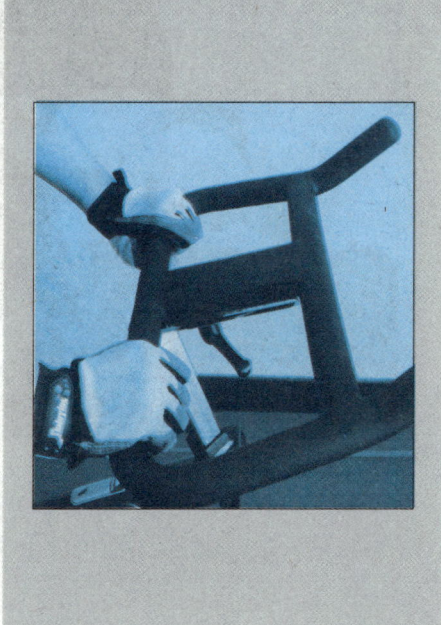

错误纠正

握把时易出现两手或单手离开车把，两手握距不均，握把距离过大或过小等问题。因此，应在骑行中按照标准动作进行练习，使动作准确、规范。

伤害预防

（1）两手或单手离开车把会造成身体稳定性降低，易发生跌落单车的意外，对身体造成伤害；

（2）两手的握距不均，易使手部肌肉用力不平衡，时间长会造成肌肉线条不匀称的状况。

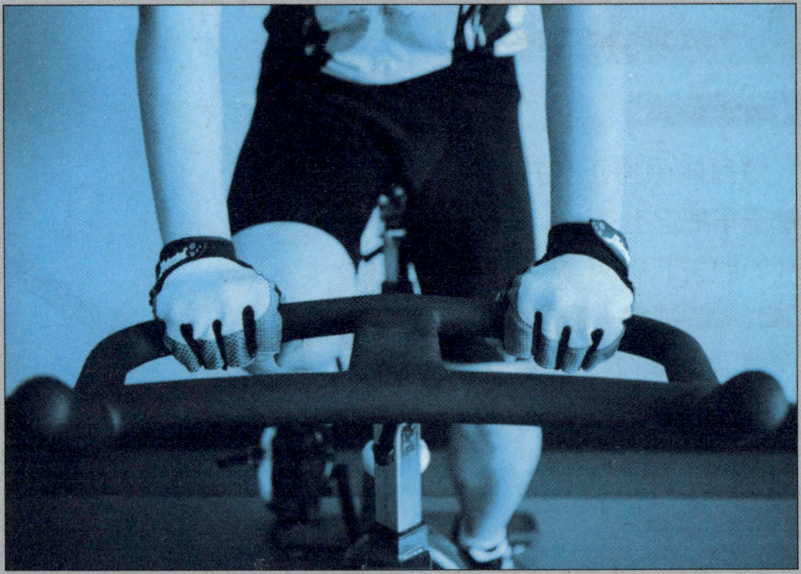

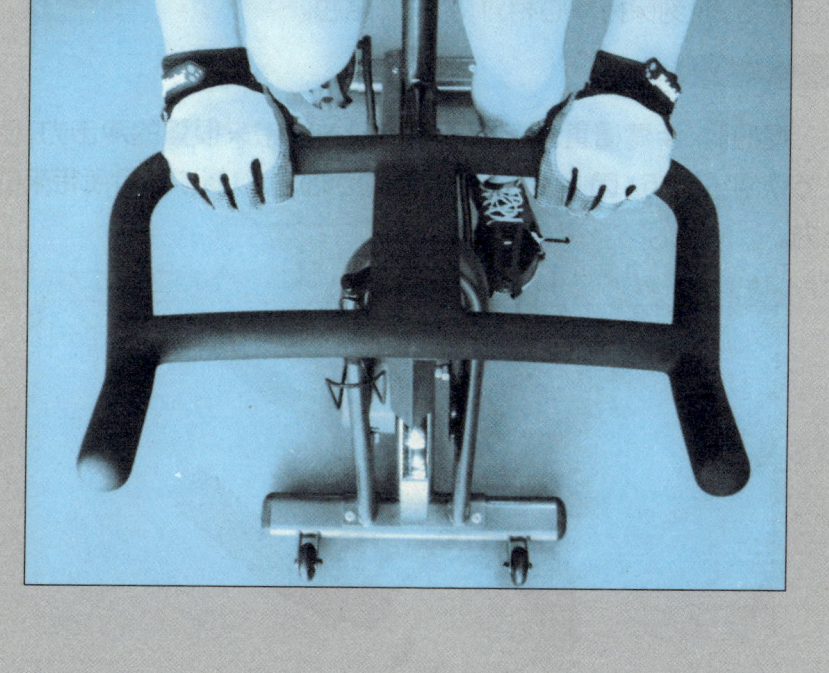

图 3-2-1

 二把位握把技术

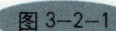 **动作方法** 见图 3-2-2

（1）身体略前倾，自然放松；

（2）握于二把位中间部分，肘关节略屈；

（3）拳心相对，立腕锁握车把，四指自然弯曲，大拇指环扣于食指第一关节处。

技术要点

立腕握把，拳心相对。

❀ **错误纠正**

　　握把时易出现拳背相对,手臂僵直等问题。因此,应按照标准动作进行练习,时刻保持拳心相对,肘关节略屈。

❀ **伤害预防**

　　握把时,手臂僵直会在骑行中给肘关节带来很强的冲击力,使肘关节软组织损伤。因此,应注意手臂姿势略屈,以缓冲骑行所带来的冲击力。

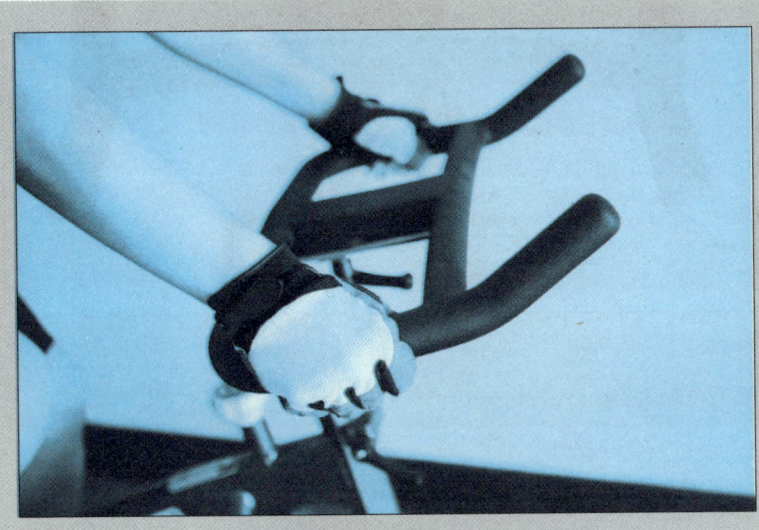

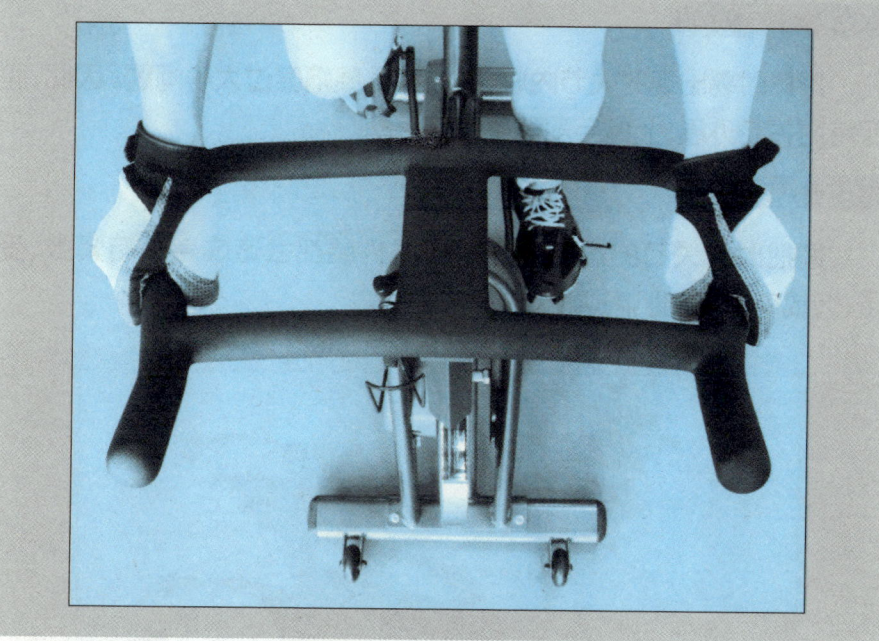

图 3—2—2

三把位握把技术

✿ 动作方法　见图 3—2—3

（1）身体大幅度前倾，腰部略用力；

（2）握住三把位车把，手肘外展，肘关节内侧上臂与前臂呈 160 度角；

（3）拳心相对，手腕内收，立腕锁握车把，四指自然弯曲，大拇指环扣。

✿ 技术要点

两臂用力，手肘外展。

错误纠正

握把时易出现肘关节内收,肘关节外展幅度过大等问题。因此,应保持肘关节外展,上臂与前臂呈 160 度角。

伤害预防

握把时肘关节的过度内收和过度外展都会造成肩关节紧张、受压,造成肩背部的肌肉紧张,易产生疲劳。

基本技术

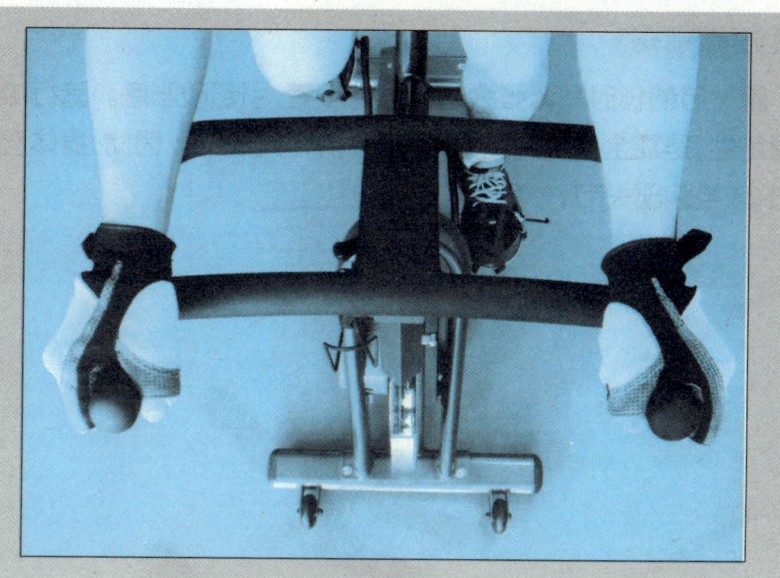

图 3-2-3

 四把位握把技术

动作方法 见图 3-2-4

（1）身体略前倾，扶于四把位上；

（2）手臂略屈，横向锁握车把，两手距离略窄于肩；

（3）拳心向下，四指自然弯曲，大拇指环扣于食指第一关节处。

技术要点

自然放松，锁握车把。

错误纠正

练习时易出现握距过小或过大等问题。因此，应按照要求等距握把，这样可以使身体平衡与两手用力达到协调统一。

伤害预防

　　腕关节的长时间紧张会造成肌肉疲劳,引起酸胀感。骑行中身体的稳定性,是靠全身协调用力,保持平衡来完成的。因此,身体应协调用力,放松腕部关节。

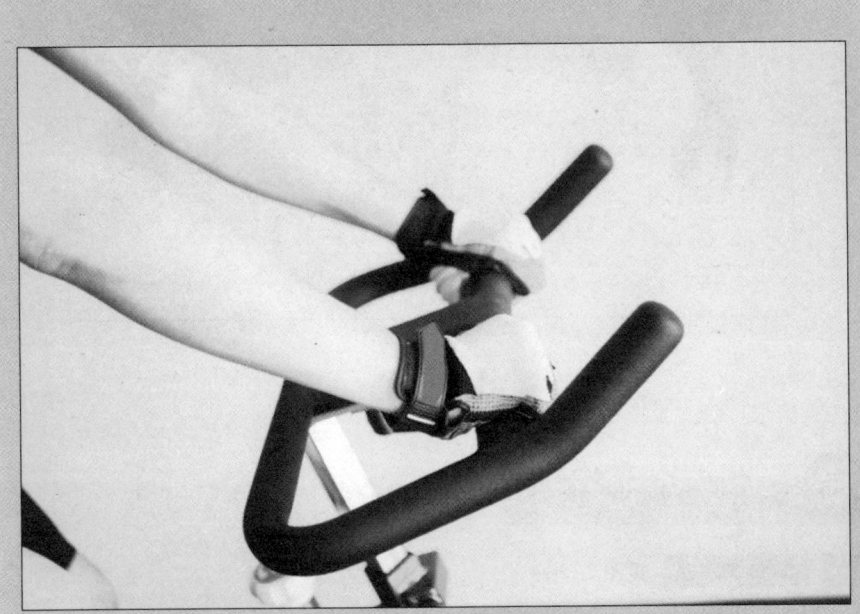

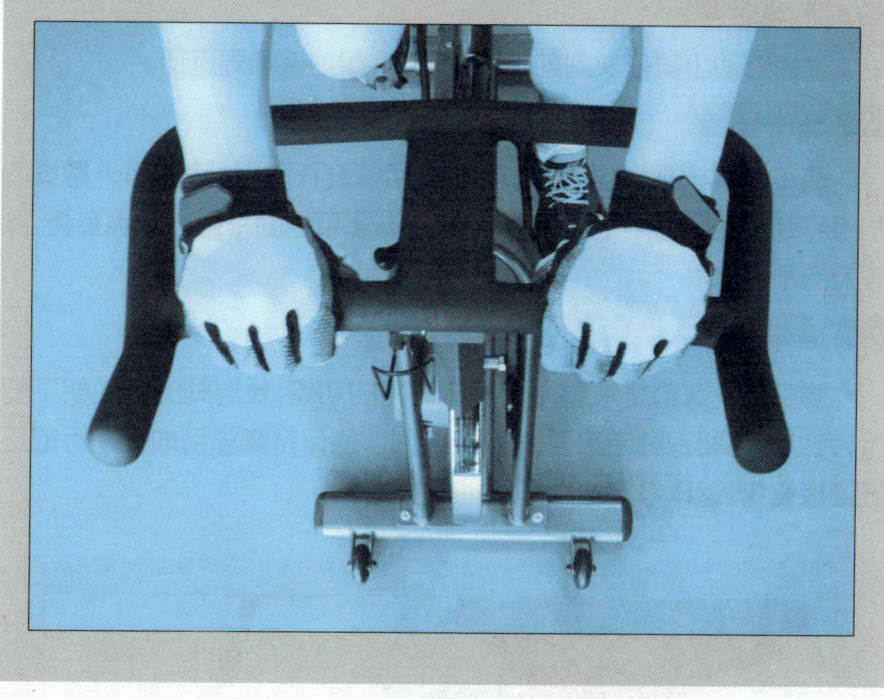

图 3—2—4

踏板技术

踏板技术是指以有规律的节奏、规范的动作踩踏踏板的技术。通过对踏板技术的介绍，可以让练习者熟悉踏板的规范动作，使骑行更加流畅。

动作方法　见图 3—2—5

（1）前脚掌踏于踏板之上，脚掌平行于地面；

（2）踩踏腿向前下方蹬出，尽量蹬直；

（3）另一条腿大腿带动小腿，快速抬起，使大腿与小腿基本呈垂直状；

（4）反复动作，规律地做圆周运动，踩踏一圈为一个周期。

🔹 技术要点

大腿带动小腿依次向前下方踩踏，规律地做圆周运动。

🔹 错误纠正

骑车时易出现脚趾朝下，用脚尖顶着鞋托骑行，膝关节外撇或内扣等问题。因此，应在骑行过程中保持脚掌与地面平行的正确姿势，膝关节向前。

🔹 伤害预防

脚尖朝下踩踏是最易引发身体伤害的动作，长时间的脚尖朝下骑行，会给足弓和跟腱带来巨大伤害。因此，应保持脚掌与地面平行的正确踏板姿势，这样才能最大限度地保护身体。

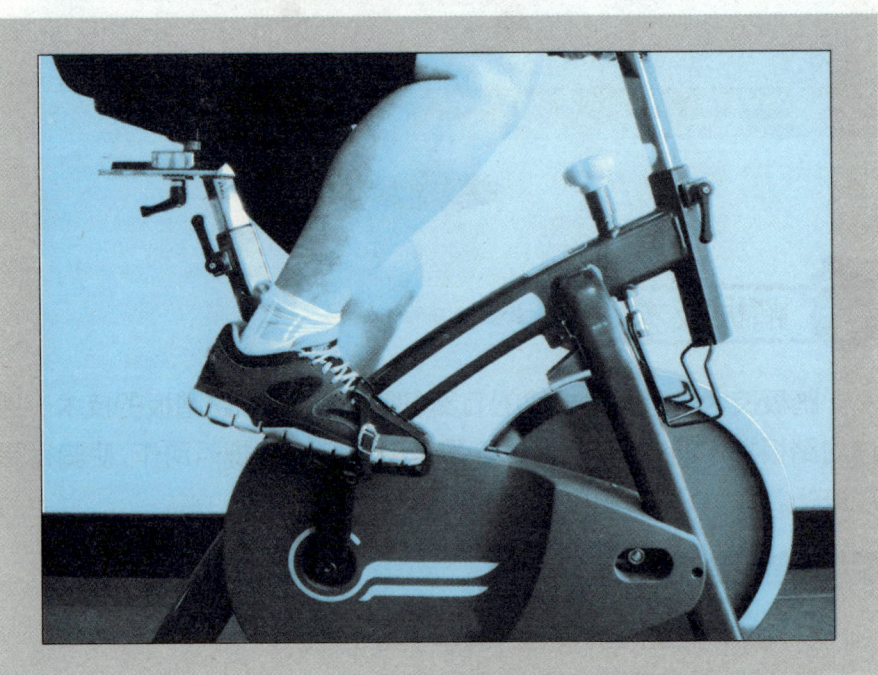

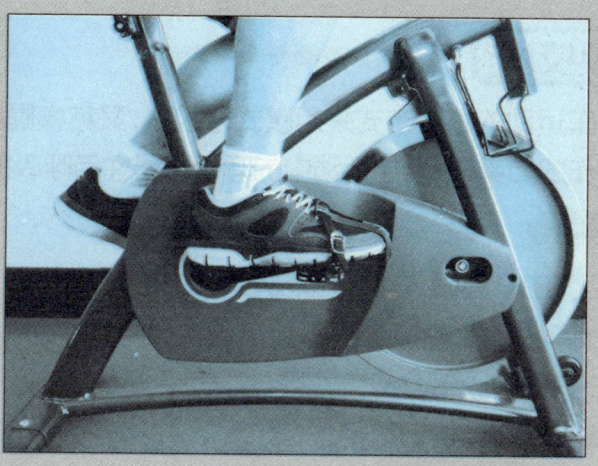

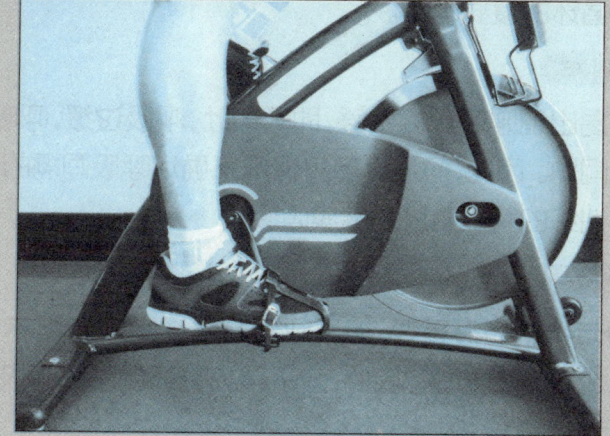

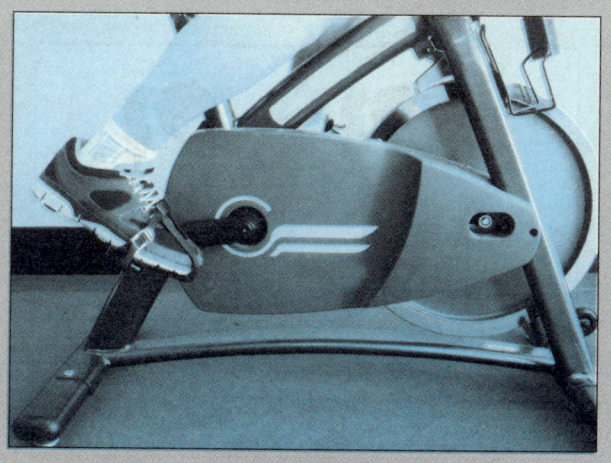

图 3-2-5

 呼吸技术 ◆◆◆◆◆◆◆◆◆◆

动感单车运动的呼吸方式采用腹式呼吸法,又称横膈膜呼吸。呼吸需配合动作的节奏,来增加运动中的呼吸流畅性与呼吸摄氧量。

动作方法　见图3-2-6

(1)将空气由鼻腔吸入,吸进腹部,然后由口腔呼出;

(2)在人体内进行大循环呼吸,增加最大摄氧量;

(3)同时要使呼吸配合动作节奏。

技术要点

采用大循环的腹式呼吸。

错误纠正

呼吸时易出现呼吸深度不够,即呼即吐,呼吸过缓,呼吸与动作配合不协调等问题。因此,应根据自身情况来确定呼吸间隔的长短,只要摄氧量大于训练的耗氧量就是健康呼吸。

伤害预防

呼吸的节奏调节很重要,如果呼吸方法或呼吸节奏不对,很容易在运动中造成急性胸肋痛。因此,应采用大循环的腹式呼吸法,增加摄氧量,提高运动能力。

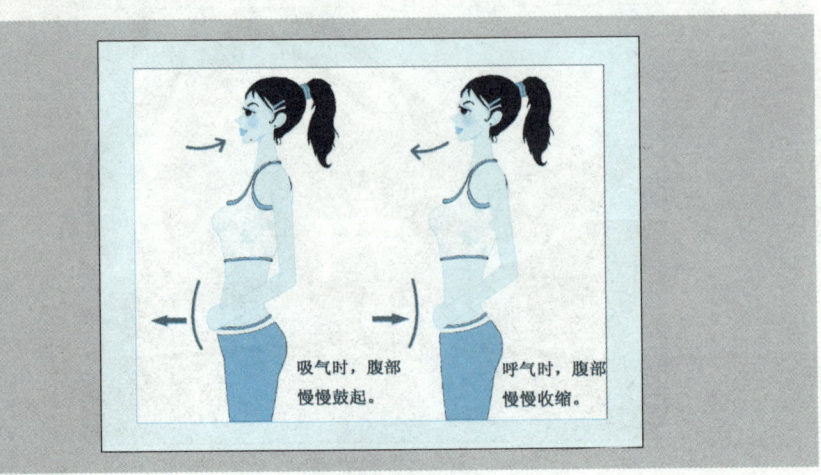

吸气时,腹部慢慢鼓起。　呼气时,腹部慢慢收缩。

图3-2-6

第三节

身体姿态

　　根据动感单车运动骑行要求的不同，所采用的不同种类的适合于骑行的身体位置变化，称为身体姿态。身体姿态的合理变化可以使骑行变得更加流畅、轻松。身体姿态包括坐立姿态、前倾姿态、站立姿态、站立前倾姿态和弯道姿态等。

 坐立姿态

　　坐立姿态是骑行方法中最基本的身体姿态，多用于起步骑行、下坡骑行等慢速骑行方式。

动作方法　见图 3-3-1

　　（1）两手锁握车把，两臂自然伸直，肘关节略屈；

　　（2）抬头、挺胸，两肩放松，目视前方，上体保持坐立姿态，重心落在车座之上；

　　（3）两脚紧固于踏板上，大腿带动小腿，做规律地屈伸踩踏运动。

技术要点

　　上体保持正直，重心落于车座上，全身放松。

错误纠正

　　练习时易出现重心不在车座中心点，含胸，塌背，耸肩，探头等问题。因此，应按正确的方法进行练习，规范技术动作。

伤害预防

　　长时间坐立骑行会使腰部肌肉紧张酸痛，同时也会增加手部和肘部的负担。因此，应在练习前，做好充分的热身活动，并注意练习后的身体放松，以缓解肌肉的不适，加快排解乳酸的堆积。

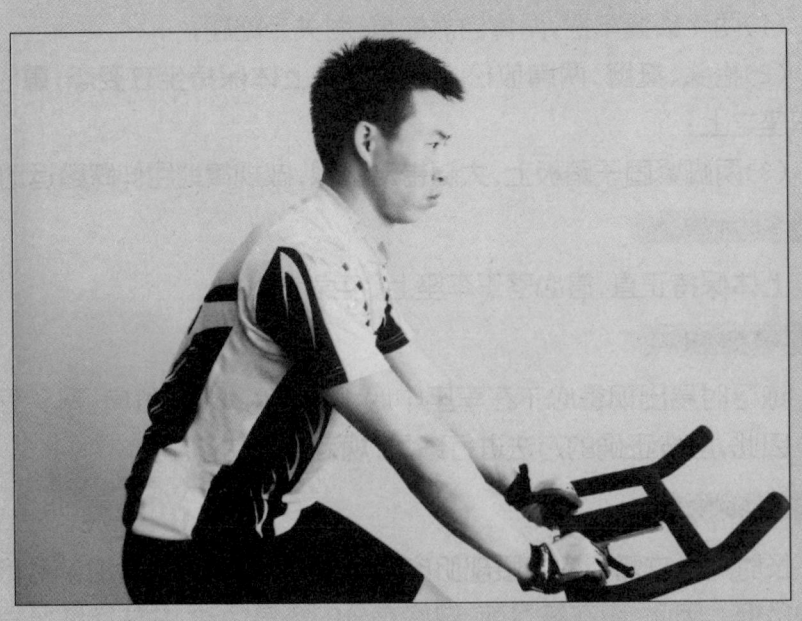

图 3—3—1

前倾姿态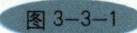

前倾姿态是骑行方式中的身体姿态,多用于速度骑行,常用于公路赛车等高速骑行中。

🌀 **动作方法** 见图 3—3—2

(1)身体前倾,与地面约呈 45 度角,身体重心下落,约在腹脐处;

(2)两手锁握三把位,握距基本相等,腕部略紧张,肘部内收,上臂与前臂约呈 160 度角;

(3)肩部紧张用力,目视前方,略收下颌,含胸,收腹;

(4)腿部放松,大小腿充分折叠做圆周运动,向上周期时,大腿与髋部相平行,另一条腿尽量蹬直,膝盖指向正前方,膝盖与脚尖方向一致,前脚掌均匀受力。

✿ 技术要点

（1）身体前倾，手肘内收，重心下落，置于腹脐；

（2）大腿尽量抬起，蹬直；

（3）注意随着蹬踏运动转换身体重心。

✿ 错误纠正

练习时易出现重心调节不当，身体起伏过大，与单车结合不紧密等问题。因此，在骑行过程中身体应随动作的变化而相应地改变重心，以免身体出现起伏、晃动。

✿ 伤害预防

身体重心上提，会给手腕、手肘部带来冲击，造成损害。重心下降，会使腰背部长时间处于紧张的状态，增加腰背部肌群的疲劳。

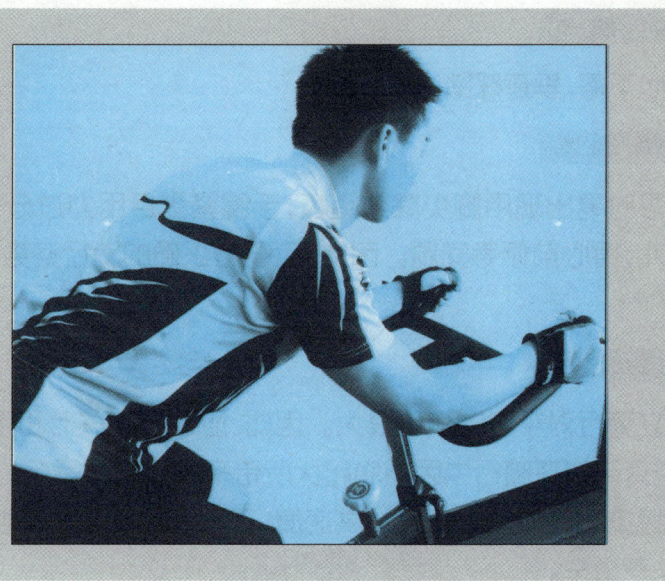

图 3-3-2

 站立姿态 ◆◆◆◆◆◆◆◆

站立姿态是动感单车运动中的高难度动作,通过站立姿态,借用身体重心转换来完成高阻力骑行,多用于爬坡骑行和山地骑行中。

❋ **动作方法** 见图 3-3-3

（1）臀部抬离车座,身体保持站立姿势,两脚踩在踏板上,重心置于踏板之上;

（2）两手锁握车把,手肘弯曲,上臂与前臂呈 160 度角,两肩紧张用力,挺胸、抬头,目视前方;

（3）两腿做垂直踩踏运动;

（4）借用身体重心转换的力量,完成高阻力下的踩踏骑行。

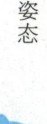

技术要点

重心下落，垂直踩踏，似跳跃状。

错误纠正

练习时易出现用脚尖踩踏踏板，手腕紧张且用力过分，手肘没有弯曲缓冲，重心前倾等问题。因此，应掌握正确的骑行姿势，体会动作要领。

伤害预防

站立骑行对手肘的冲击很大。因此，应做好膝关节和手肘的缓冲练习，避免手肘在骑行中因重心起伏所带来的冲击而受伤。同时，要在熟练掌握重心转换技术后再提高速度，否则容易在重心转换时身体不平稳，跌落单车。

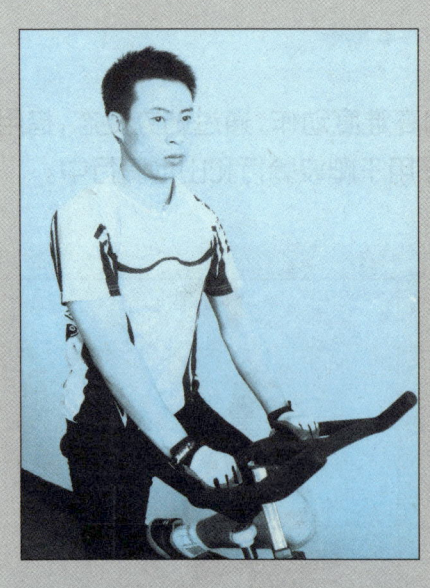 

图 3—3—3

站立前倾姿态是在站立骑行中的冲刺骑行，一般多在模拟爬坡骑行中用到。由于难度很大，不建议初学者进行练习。

动作方法 见图3-3-4

（1）臀部抬离车座，身体前倾，重心上提；

（2）采用三把位握把，两臂用力承担身体前倾的重量；

（3）重心后移，以保持平衡；

（4）抬头、挺胸，目视前方，腿部在踏板上做规律地圆周运动。

技术要点

重心上提前移，手臂用力。

错误纠正

练习时易出现重心不稳，骑行时向前冲等问题。因此，应将重心置于腰腹部，两臂用力以控制身体在骑行中的起伏。

伤害预防

因为站立前倾骑行属于高难度动作，危险系数较高，对手肘等支撑关节有很强的冲击力，所以不宜过长时间进行此类型运动。同时，在练习时应注意控制身体重心，以免发生身体前冲与车体碰撞，受到伤害。

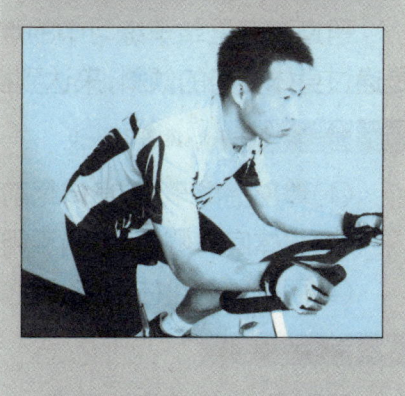

身体姿态

图 3—3—4

 弯道姿态 ◆◆◆◆◆◆◆◆◆

　　弯道姿态是单车练习中的难度动作,初学者不宜练习。弯道姿态是通过身体姿势的倾斜,来达到模拟弯道转弯骑行的效果。

❂ **动作方法** 见图3—3—5

　　(1)臀部抬离车座,身体略前倾;

　　(2)身体向一侧倾斜,两手用力握把;

　　(3)两脚用力蹬住踏板,重心始终保持在单车之上。

❂ **技术要点**

　　手脚用力,维持身体平衡。

❂ **错误纠正**

　　练习时易出现身体倾斜幅度过大,高速骑行等问题。因此,应维持身体在可控的倾斜角度之内,避免单车因受力过大而翻倒。

❂ **伤害预防**

　　为避免过大的倾斜角度而导致单车翻倒,造成伤害,应保持身体在平衡可控范围内中速骑行。

图 3—3—5

第四章 骑行技术训练

　　骑行技术训练运用不同的骑行技术和身体姿态，来达到不同的骑行健身目的。通过骑行训练，可以让练习者掌握单车的各种骑行技术，更好地达到增强心肺功能、强健体魄的目的。骑行技术训练包括强度骑行训练和模拟骑行训练等。

第一节

强度骑行训练

　　强度骑行训练通过不同的阻力强度与身体姿态组合,达到不同的骑行健身目的。强度骑行训练包括起步骑行训练、阻力骑行训练、速度骑行训练、变速骑行训练和耐力骑行训练等。

 ### 起步骑行训练 ◆◆◆◆◆◆◆◆

　　起步骑行训练是强度骑行训练中的热身练习,是低阻力匀速骑行方式。通过起步骑行训练,可以让练习者达到热身、熟悉动感单车骑行感觉的目的。

✿ 动作方法　　见图 4-1-1

　　(1)身体放松坐立于车座之上,采用锁握握住一把位车把,目视前方;
　　(2)进行慢速地踩踏运动;
　　(3)心率保持在最大心率的45%左右,脉搏保持在80～90次/分钟左右。

✿ 技术要点

　　踩踏腿要蹬直,回带腿要充分抬起,使大腿与地面平行,匀速、规律地踩踏。

✿ 错误纠正

　　练习时易出现开始上车后,就进行剧烈地踩踏运动,追求速度,起始阶段加速过快等问题。因此,应在起步骑行阶段低速骑行,掌握节奏,调整呼吸,放松身体和心情。

✿ 伤害预防

　　为避免出现关节囊应激过快,呼吸节奏混乱等情况,应进行慢速地踩踏运动。

图 4-1-1

阻力骑行训练

阻力骑行训练是高阻力下的骑行练习,多用于爬坡骑行或山地骑行中。通过阻力骑行训练,可以实现锻炼腿部肌肉的目的。

🔆 动作方法　见图 4-1-2

（1）调整阻力旋钮,设定阻力级数;

（2）采用站立前倾姿势进行骑行;

（3）心率保持在最大心率的75%～85%之间。

🔆 技术要点

阻力级数要根据肌肉能力和练习水平设定。

🔆 错误纠正

练习时易出现踩踏动作用力不均,身体左右摆幅过大等问题。因此,应该按照正确方法匀速骑行。

🔆 伤害预防

为减少对肌肉和心肺的伤害,应将阻力旋钮由低到高调节,级数逐渐加大。

图 4—1—2

 速度骑行训练 ◆◆◆◆◆◆◆◆◆

　　速度骑行训练是高速度的骑行练习，采用三把位前倾骑行方式，锻炼练习者身体的高度协调性，以及高频率蹬踏动作。

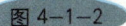 动作方法　见图 4—1—3

　　（1）采用中低阻力，紧跟音乐的节拍骑行，达到每拍车轮转动一次；

　　（2）在速度训练中，采用前倾坐姿姿势，两手锁握车把，身体前倾并略紧张；

　　（3）两脚做最大限度地蹬踏动作，快下快起，大腿带动小腿；

　　（4）心率保持在最大心率的 85% 以上，不可超过 30 秒时间。

❀ 技术要点

身体前倾，重心稳定，蹬踏节奏清楚。

❀ 错误纠正

练习时易出现臀部在座位上面上下浮动，手臂太过放松握把不紧，盲目追求速度，使体力严重透支等问题。因此，应采用正确的骑行方法，体会动作要领。

❀ 伤害预防

为减少对人体的运动伤害，速度骑行时，应将速度控制在可控范围内，保持身体平衡。

图 4-1-3

变速骑行训练

变速骑行训练是在高阻力与低阻力之间转换骑行方式的骑行练习,可以有效地锻炼练习者的心肺功能。

✿ 动作方法　见图4-1-4

（1）采用从坐立到站立的骑行方式;

（2）两手锁握车把,身体略前倾,身体放松,跟随音乐的节奏变化改变行车速度,身体在快慢速骑行之间转换姿态和骑行方式;

（3）心率保持在最大心率的65%～90%之间,脉搏保持在80～140次／分钟。

✿ 技术要点

坐立姿势, 变速时身体由略倾变为前倾,动作过程要平缓。

✿ 错误纠正

练习时易出现骑行速度过快无法减速,阻力变化太过频繁等问题。因此,应在每一个速度区间内停留一定时间,使身体适应每一个速度。

✿ 伤害预防

为减少变速骑行中变速时速度过快给练习者带来的冲击伤害,应运用正确的变速方法,使运动伤害减轻到最低。

图 4—1—4

耐力骑行训练

耐力骑行训练是长时间的骑行练习,可以有效地锻炼练习者的心肺功能,同时也能达到减脂的目的。

动作方法　见图4—1—5

（1）采用坐立姿态,一把位或四把位握把;

（2）挺胸、抬头,目视前方,身体放松;

（3）采用中阻力骑行,持续骑行5分钟以上;

（4）心率保持在最大心率的的65%～75%之间。

技术要点

采用坐立姿势,呼吸平稳,保持一定的动作节奏。

错误纠正

练习时易出现速度控制不均,身体姿态不正确等问题。因此,应按照正确的方法进行练习,规范技术动作。

伤害预防

为避免出现骑行速度过快,体力透支,导致脱水、眩晕等身体不适的情况,应自行掌握好运动强度与节奏。

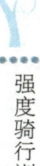

图 4-1-5

第二节

模拟骑行训练

模拟骑行是指,在模拟的场地状况下,运用各种身体姿态与骑行技术相结合,来完成骑行任务的训练。因为模拟场地状况,会增强练习者的参与性和积极性,使其在愉悦的心情下更好地完成骑行,以达到锻炼目的。模拟骑行训练包括公路模拟骑行训练、山地模拟骑行训练和爬坡模拟骑行训练等。

 **公路模拟骑行训练** ◆◆◆◆◆◆◆◆◆

公路模拟骑行训练是将速度骑行与耐力骑行相结合的坐立姿态骑行训练。通过公路模拟骑行训练,可以锻炼练习者的心肺功能。公路模拟骑行包括公路中速骑行技术和公路高速骑行技术等。

 公路中速骑行技术

动作方法 见图 4-2-1

(1)设定阻力级数为中等阻力;

(2)采用坐立身体姿态;

(3)两手等距锁握一把位车把,手臂略屈,保持身体放松;

(4)腿部保持均匀中速向前踩动;

(5)保持动作 10 分钟以上,同时保持车轮转速在每分钟 70～100 圈之间。

技术要点

中等阻力慢速骑行,保持长时间运动。

❀ 错误纠正

　　练习时易出现姿势不规范，阻力值调节不准确等问题。因此，应按照正确的技术进行骑行，体会动作要领。

❀ 伤害预防

　　为避免长时间骑行所带来的水分流失过快，造成脱水，使练习者感到眩晕或不适的状况，应注意控制运动量，保持自身良好的运动体能。

图 4-2-1

公路高速骑行技术

动作方法 　见图 4-2-2

(1)设定阻力级数为中低阻力;

(2)采用前倾身体姿态;

(3)两手锁握三把位车把,手臂略屈,腰部略紧张用力;

(4)腿部保持均匀快速向前踩动;

(5)保持车轮转速在每分钟 90～130 圈之间。

技术要点

前倾姿态,快速蹬骑。

错误纠正

练习时易出现蹬骑节奏混乱,动作与呼吸不流畅等问题。因此,应保持一定节奏,使呼吸与动作协调配合。

伤害预防

为减少对踝关节和小腿肌肉的伤害,应选择自己能力范围内的踩踏速度,避免体力透支造成腿部被车轮惯性带动,使身体受伤。

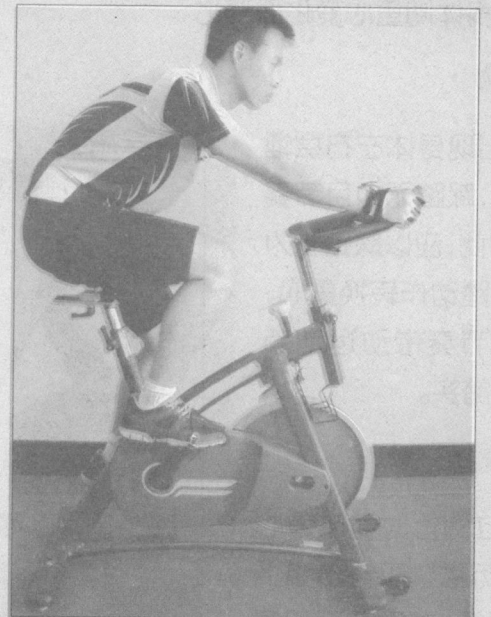

图 4-2-2

山地模拟骑行训练

山地模拟骑行训练是高阻力下的力量骑行训练。通过山地模拟骑行训练，可以锻炼练习者的腿部力量与身体的协调性。

🏵 动作方法　见图 4-2-3

（1）设定阻力级数为中高阻力；
（2）采用站立身体姿态；
（3）两手锁握一把位，手臂随动作起伏做缓冲屈伸动作；
（4）重心落于两脚，进行均匀中速垂直踩踏运动；
（5）保持车轮转速在每分钟 80~100 圈之间。

🏵 技术要点

重心下落，身体随重心变化而变化。

🏵 错误纠正

练习时易出现身体左右摆幅过大，重心不稳，踩踏无力且节奏混乱等问题。因此，应以踩踏腿为重心支撑，随踩踏动作转换重心，同时以呼吸的节奏带动运动节奏，踩踏要用力踏实。

🏵 伤害预防

为减少直立骑行时身体重心不稳所带来的伤害，应将重心下沉，保持身体平衡，注意音乐节奏与蹬踏节奏的配合。

图 4-2-3

爬坡模拟骑行训练

爬坡模拟骑行训练是模拟真实爬坡情况而演变出的骑行技术动作练习。通过高阻力和低阻力两种骑行方式，达到强化训练和放松身体的作用。爬坡模拟骑行训练包括上坡骑行技术和下坡骑行技术等。

上坡骑行技术

动作方法 见图 4-2-4

（1）设定阻力技术为高阻力技术；

（2）采用站立前倾身体姿态；

（3）两手锁握三把位车把，手肘略屈；

（4）重心置于腰腹部，但同时手臂用力，以支撑前倾的身体；

（5）两脚慢速踩踏，保持车轮在高阻力下稳定匀速运动；

（6）保持车轮转速在每分钟60～80圈之间。

技术要点

站立前倾姿态，重心置于腰腹部，垂直踩踏。

图 4—2—4

 错误纠正

　　练习时易出现身体重心太过靠前,完全靠手臂的力量支撑身体等问题。因此,应摆正身体,调整重心。

　　伤害预防

　　为减少对腕关节的伤害,应在上坡骑行中避免身体前倾过度。

▼ 下坡骑行技术

　　动作方法　　见图 4—2—5

　　(1)设定阻力级数为低阻力;

　　(2)采用坐立身体姿态;

　　(3)两手锁握一把位车把,身体完全放松;

　　(4)重心置于臀部;

　　(5)两脚匀速、缓慢向前蹬踏;

　　(6)保持车轮转速在每分钟 60～90 圈之间。

✿ 技术要点

身体完全放松,自然骑行即可。

✿ 错误纠正

练习时易出现连续快速骑行等问题。因此,应使身体放松,保持自然骑行。

✿ 伤害预防

为减少对练习者疲劳身体的持续刺激,应放松身体,缓慢骑行。

图 4-2-5

第五章 家庭动感单车

　　家庭运动单车已经出现许久,虽然很多人的家里都有这样一台简单实用的健身锻炼器械,但由于缺少专门的指导,使得锻炼效果不明显,最终导致这一运动并未流行开来。而家庭动感单车运动的出现,结束了以前盲目、机械、枯燥的骑车练习,可以系统而规范地引导练习者健康、时尚地进行锻炼。本章将介绍家庭单车练习方法、动感单车放松调整操、家庭动感单车练习益处和家庭动感单车练习须知等。

第一节

家庭单车练习方法

家庭单车练习一般为耐力性骑行练习，通过有节奏且强度低的长时间骑行，可以达到有氧健身的目的。家庭单车练习方法包括减脂练习、塑腿练习和塑腰练习等。

减少脂肪是大多数练习者的共同目的，通过持久性的强度练习，来完成有氧健身运动，使练习者在健康运动的同时，可以减去多余的脂肪。

❀ 动作方法　见图 5-1-1

（1）采用基本坐立姿势；

（2）调节阻力旋钮至自身可接受的中等强度；

（3）放松身体，调整呼吸；

（4）有规律地踩踏踏板，使运动完整；

（5）保持速度均匀，最低骑行 40 分钟以上；

（6）保持心率在最大心率的 65%～75% 之间。

❀ 技术要点

身体放松，匀速持久骑行。

❀ 错误纠正

练习时易出现盲目蹬踏等问题。因此，应按照正确方法进行练习，以免超过有氧运动值，转为无氧运动。

❀ 伤害预防

为避免过长时间练习带给练习者过大的身体负荷，应根据个人身体条件的不同，量力而行。

图 5-1-1

塑腿练习 ◆◆◆◆◆◆◆◆

拥有一双修长,曲线优美的双腿是每一位爱美女性的梦想,而线

条明朗、肌肉匀称的双腿则是每一名时尚男性的愿望。塑腿练习正是通过动感单车运动的腿部锻炼，来实现双腿的美化。

✤ 动作方法　见图 5-1-2

（1）采用前倾姿势；

（2）调节阻力旋钮至自身可接受的中高等强度；

（3）身体略紧绷，呼吸深度加强；

（4）有规律地快速踩踏踏板；

（5）保持速度均匀，骑行时间在 20～30 分钟左右；

（6）保持心率在最大心率的 75%～85% 之间。

✤ 技术要点

短时间快速骑行，使身体肌肉在短时间内始终保持紧张状态。

✤ 错误纠正

练习时易出现运动过量，腰颈部过度疲劳等问题。因此，应选择适度的运动量。

✤ 伤害预防

为避免高速骑行对练习者腿部肌肉与膝关节的伤害，应注意练习控制节奏与速度，以防运动过量，造成腿部不自主性地蹬踏，发生意外。

图 5—1—2

 塑腰练习 ◆◆◆◆◆◆◆◆◆

　　纤细的腰身、曼妙的身材不是天生就有的,通过进行动感单车运动,我们同样可以获得这样的美丽。塑腰练习正是通过身体运动,消耗腰部多余脂肪,在不知不觉中塑造出美丽的身材。

 动作方法　见图 5—1—3

　　(1)采用站立姿势;

　　(2)调节阻力旋钮至自身可接受的中等强度;

　　(3)身体放松,呼吸平稳;

　　(4)有节奏地快速踩踏踏板,身体随踩踏左右摆动;

　　(5)保持速度均匀,骑行时间在 20 分钟以上;

　　(6)保持心率在最大心率的 70%~80% 之间。

技术要点

身体要随踩踏有节奏地摆动。

错误纠正

练习时易出现速度过慢，上身僵直等问题。因此，应注意速度和身体摆动幅度的配合，让腰部得到充分的运动。

伤害预防

为减少对练习者髋关节的伤害，应注意动作的准确性，并控制好身体重心。

图 5-1-3

第二节

动感单车放松调整操

　　长时间的运动会令身体各个肌肉与关节疲劳，一套简单实用的放松操，可以有效地缓解疲劳，预防伤害。本套放松操是在单车上完成的，可以在练习间歇起到放松调整的作用。动感单车放松调整操包括调节呼吸运动、手臂运动、手腕运动、腰部运动和肩部运动等。

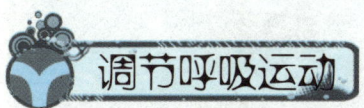

调节呼吸运动 ◆◆◆◆◆◆◆◆

　　动感单车是一项运动量较大的运动，在练习中会出现呼吸急促、摄氧量不足等情况。通过调节呼吸运动，可以有效缓解呼吸不足的问题，调整呼吸节奏，增加脑供氧量，缓解疲劳。

❀ 动作方法　见图5-2-1

　　(1)坐立姿势，阻力值为低阻力，慢速自然骑行；

　　(2)两手离把，自然垂于体侧；

　　(3)两肩下沉，然后两肩由前至后环绕；

　　(4)胸部随动作起伏，肩部运动到身体后方时，胸部前顶，做腹式深呼吸；

　　(5)当肩部回到起始点时，开始呼气，尽量完全呼出；

　　(6)如此反复，做3～5次。

❀ 技术要点

　　呼吸随肩部环绕动作进行，要做到吸满呼尽。

❀ 错误纠正

　　练习时易出现胸部没有跟随动作起伏或身体后仰等问题。因此，应按照正确方法跟随教练员进行练习。

伤害预防

为减少对练习者的身体伤害,应放慢骑行速度,保持身体平衡。

图 5-2-1

家庭动感单车

手臂运动

在长时间的单车练习中,手臂会持续保持紧张状态,造成手臂肌肉的乳酸堆积,形成肌肉疲劳。通过手臂运动的放松调节,可以很好地缓解肌肉疲劳,放松心情。

动作方法 见图5-2-2

（1）坐立姿势,阻力值为低阻力,慢速自然骑行;

（2）两手离把,自然垂于体侧;

（3）两手向下伸直,在体前交叉;

（4）两手由身体下方,经两侧绕至头上伸直交叉;

（5）腹式呼吸,上举时吸气,下落时呼气;

（6）如此反复,做5～8次。

技术要点

动作全程要保持手臂伸直,身体端正。

错误纠正

练习时易出现手臂弯曲,伸不直等问题。因此,应将手臂伸直,充分伸展手臂各关节。

伤害预防

为减少对练习者身体的伤害,应放慢骑行速度,保持身体平衡。

图 5—2—2

 手腕运动 ◆◆◆◆◆◆◆◆◆

　　手腕作为练习者握把的主要支撑部位,在骑行中需始终保持紧张。长时间的紧张会造成腕部肌肉的僵直,并产生疼痛感。通过手腕运动对手腕进行按压与伸拉,可以很好地起到放松与保护的作用。

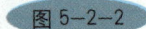 动作方法 见图5—2—3

　　(1)坐立姿势,阻力值为低阻力,慢速自然骑行;

　　(2)两手离车把,自然垂于体侧;

　　(3)先伸出左臂,体前平举,翻转腕部,指尖向下,掌心向前;

　　(4)伸出右手,握住左手手指,轻轻向身体的方向按压;

　　(5)右手按压动作与左手动作相同。

✿ 技术要点

手臂伸直平举,轻轻按压。

✿ 错误纠正

练习时易出现手臂弯曲等问题。因此,应注意手臂一定要伸直,否则无法实现完全伸展腕部的效果。

✿ 伤害预防

为减少对练习者手腕的伤害,应轻轻按压,避免过度按压使腕部受力过大而受伤。

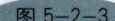
图 5-2-3

松动感单车
调整放
整操

家庭动感单车

腰部作为承载上身运动和下身运动的连接部位,在各种骑行姿态中一直处于固定姿势,所以最易疲劳。因此,放松腰部运动是十分必要的,它可以有效缓解疲劳,避免腰部积劳成疾。

动作方法 见图 5-2-4

(1)坐立姿势,阻力值为中低阻力,慢速自然骑行;

(2)两手握住一把位,上半身直立;

(3)身体前倾,手肘内屈,使身体贴近车把;

(4)两臂伸直,身体呈坐立姿态;

(5)如此反复,做 3~5 次。

技术要点

身体随节奏前后运动,使腰部得到活动。

错误纠正

练习时易出现动作过快等问题。因此,应跟随节奏进行起伏动作。

伤害预防

为减少对腰部的肌肉的伤害,应避免过快、过大的动作,跟随节奏,缓慢进行。

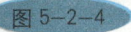
图 5—2—4

肩部运动 ◆◆◆◆◆◆◆

　　肩部作为手臂与身体的连接部位，在持久练习中会产生酸痛感。通过下面介绍的多方位的肩部运动，可以有效地伸展、牵拉肩关节，起到保护与放松的作用。

后压肩

✱ **动作方法**　见图 5—2—5

　　(1) 坐立姿势,阻力值为低阻力,慢速自然骑行;

　　(2) 两手离把,自然垂于体侧;

　　(3) 将一只手向上伸,并屈肘举于头后;

　　(4) 另一只手按住屈肘手的肘关节,轻轻下压;

　　(5) 做 3～5 次,换手练习。

❋ 技术要点

屈肘下压，伸拉肘部关节。

❋ 错误纠正

练习时易出现直臂下压等问题。因此，应保持屈肘下压，这样才可使肩部得到充分的伸拉。

❋ 伤害预防

为减少对颈部的伤害，应掌握好下压力度，同时注意动作的准确性。

图 5—2—5

 **侧压肩**

动作方法 见图 5-2-6

　　(1)坐立姿势,阻力值为低阻力,慢速自然骑行;

　　(2)两手离把,自然垂于体侧;

　　(3)将左手在体前侧向平伸;

　　(4)右手屈肘,用肘关节内侧夹住左臂肘关节处,向身体的右后方牵拉;

　　(5)做 3～5 次,换手练习。

技术要点

　　肘关节夹紧回带。

错误纠正

　　练习时易出现两臂都过直等问题。因此,应做到一手伸直,一手弯曲。

伤害预防

　　为避免坠车伤害身体,在单车上不应让重心随动作而移动。

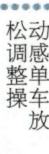

松动调整操
动感单车
放

117

图 5-2-6

第三节
家庭动感单车练习益处

　　动感单车进入家庭时间久远，人们也已经感受到了动感单车运动带给自己的健康与快乐。它是科学运动的产物，也是健康生活的必备。家庭动感单车运动的益处包括调节心情、减脂塑身和提高心肺功能等。

 调节心情

　　随着社会的发展，人们的生活压力越来越大。家庭动感单车运动可以很好地发泄不良情绪，舒解压力，对调节心情有巨大的作用，能够让人们在生活工作之余，得到心灵的解放，心情的释然。

 **舒解压力**

运动可以减轻压力,并且提升个人从压力中恢复的能力。家庭动感单车运动在反复踩蹬骑行中,可以驱散压抑,缓解压力。随着骑行的临近结束,压力也会随之降至最低。

 产生好心情

在运动过后,往往会令人精神愉悦,这取决于运动中大脑释放出的大量脑内啡和血清素等化学物质,此类化学物质可以刺激神经兴奋,使人心情愉悦。家庭动感单车运动是有效的有氧运动方式,它通过运动刺激,会令练习者在练习过后心情愉快,精神饱满。

 减轻忧郁

研究表明,整日坐着不动的人,患忧郁症的机会是经常运动的人的两倍到三倍。运动可以增强个人自信心,使练习者感觉到运动的可控性。而家庭动感单车运动能够模拟场景进行练习,更有助于建立练习者的自信。

 **减脂塑身**

肥胖问题在当代社会变得日益严重,大家都在寻求一种健康又时尚的瘦身运动方式,而家庭动感单车运动的出现,正好弥补了减脂塑身运动一直以来的枯燥与单调,为广大爱美人士带来了新的减肥理念。

 **减脂**

家庭动感单车作为新一代的时尚健身有氧运动,主要是通过长时间的耐力有氧训练达到减脂的作用。在运动过程中,人体吸入的氧气与需求相等,可以达到生理上的平衡状态,因为此时血液可以供给心肌足够的氧气,保持健康的锻炼效果。家庭动感单车运动的特点

是强度低,有节奏,持续时间较长,要求每次锻炼的时间不少于 45 分钟,每周坚持 3～5 次。此项运动能使氧气充分酵解体内的糖分,有效消耗体内多余脂肪,增强和改善心肺功能,预防骨质疏松,调节心理和精神状态,是健身、减脂的最佳运动方式。家庭动感单车因其体积小巧,使用方便,已成为有氧减脂锻炼的首选器材。

 塑形

家庭动感单车运动依靠腿部的蹬踏带动车轮转动,使腿部得到充分的锻炼。并且由于家庭动感单车运动一般属于耐力性训练,所以并不会导致腿部肌纤维增粗增大,造成下身粗壮。相反,由于长时间的有氧骑行,可以使下半身脂肪得到充分燃烧,使腿部细长,臀部紧实上翘。并且因为腰部在骑行过程中会左右晃动,使得不易运动到的腰部也得到很好的锻炼,达到纤细而有弹性的塑形效果。

 提高心肺功能

如今心脑血管类疾病盛行,主要是由于社会压力大,运动少,使身体各部分机能下降。家庭动感单车运动简单实用,通过有氧运动训练,可以有效地改善心肺功能,减少病痛的侵害。

 预防大脑老化,提高神经系统敏捷性

现代运动医学研究结果表明,家庭动感单车运动是异侧支配运动,两腿交替踩踏,可使左、右侧大脑功能同时得以开发,防止其早衰或偏废。

 对内脏器官耐力锻炼效果明显

家庭动感单车运动不仅能使下肢髋、膝、踝 3 个关节和 26 对肌肉受益,而且还可使颈部、背部、臂部、腹部、腰部、腹股沟、臀部等处的肌

肉、关节、韧带也得到相应的锻炼。

 克服心脏功能疾病最佳工具之一

　　世界上有半数以上的人是死于心脏病。家庭动感单车运动不仅能借由腿部的运动压缩血液流动，并把血液从血管末梢抽回心脏，同时能够强化微血管组织，即"附带循环"。强化血管功能，可以使人们延缓衰老。

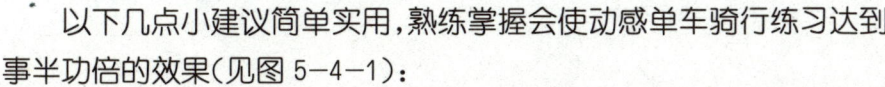
第四节
家庭动感单车练习须知

　　在家庭动感单车运动中需要了解一些细节问题，这样可以使练习更科学，更健康。本节正是对一些日常问题进行提示，以方便练习者掌握。

　　以下几点小建议简单实用，熟练掌握会使动感单车骑行练习达到事半功倍的效果（见图5-4-1）：

　　（1）单车应摆放在阳光充足，空气流通的地方，以使练习者可以在练习的过程中摄取足够的氧气和阳光，促进有氧运动的完成和新陈代谢的快速更替。

　　（2）单车摆放地点应为家中较为开阔的地方，要求地面平整，空间无障碍物。

　　（3）练习者每周至少练习3次以上，才可基本达到练习目的。

　　（4）练习者每周至少要进行一次调试和清洁，因为运动过程中会有汗液滴在单车上，容易粘附灰尘和细菌，导致疾病。同时长时间的练习会使单车各部分调节位置发生改变，使骑行不适。

　　（5）如有条件，建议练习者佩戴心率表，可以在每次练习后，直观地看出自己的练习效果，同时也可以更好地把握运动强度。

图 5-4-1

家庭动感单车